Sous la direction de Patrick Ussher

VIVRE LE STOÏCISME AUJOURD'HUI

*Traduit de l'anglais par Côme Loison
Jeannette Silinski, et Vincent Solans*

Editions Phylactère

"Vivre le stoïcisme aujourd'hui"

Édité Par Patrick Ussher

Copyright © 2023 Patrick Ussher

Tous droits réservés

Traduit par June Silinski, Côme Loison, Vincent Solans

Version française édité par Vincent Solans

Dessin de couverture© 2016 Rocio de Torres

Tous les articles sont protégés par le droit d'auteur (©) de leurs auteurs respectifs, sauf indication contraire dans les autorisations suivantes:

« Les idées fondamentales de l'éthique stoïcienne dans l'œuvre de Marc Aurèle» est extrait de pp. xv-xviii « Introduction » par Christopher Gill, tiré de *Meditations: with selected correspondence Marcus Aurelius*, édité par Hard, Robin & Gill, Christopher (2011), reproduit dans cet ouvrage avec l'accord de Oxford University Press et de l'auteur, Christopher Gill.

« L'acceptation de la mort » est adapté de *Sources of Significance: Worldly Rejuvenation and Neo-Stoic Heroism* par © Corey Anton, 2010 sous la propriété légale de Duquesne University Press,et reproduit avec autorisation de Duquesne University Press.

Toute reproduction d'un contenu partiel ou total de l'ouvrage est interdite sans l'autorisation formelle de l'auteur ou de la maisond'édition, si applicable.

Titre original: *Stoicism Today, volume one. Selected Writings* Édité par Stoicism Today, septembre 2014.

Edition Phylactère pour la traduction française, août 2016 (e-book), août 2023 (livre de poche).

« Soyez tel un cap sur lequel les vagues s'écrasent continûment : il demeure immuable et invite les eaux alentours à s'apaiser ».

Marc Aurèle, *Pensées pour moi-même*, 4.49.

À propos de *Vivre le Stoïcisme Aujourd'hui*

L'équipe de *Vivre le Stoïcisme Aujourd'hui* est composée d'universitaires qui enseignent à l'Université d'Exeter, au King's College, à la CUNY (City University of New York), à l'Université de Londres et à l'Université Queen Mary de Londres, ainsi que de psychothérapeutes anglais et canadiens. Ils travaillent ensemble afin de créer un corpus de textes qui traitent du stoïcisme tout en étant adaptés à notre époque.

Depuis 2012, L'équipe de *Vivre le Stoïcisme Aujourd'hui* organise la Semaine du Stoïcisme, un événement international et annuel qui a eu lieu à quatre reprises jusqu'à aujourd'hui. Chaque participant reçoit un livret (disponible gratuitement sur le blog indiqué ci-dessous) proposant des exercices et des conseils à suivre au quotidien.

Les travaux de *Vivre le Stoïcisme Aujourd'hui* ont été mentionnés à plusieurs reprises dans la presse, notamment dans *The Toronto Globe & Mail*, *The Daily Telegraph*, *Forbes Magazine*, *Newsweek*, *The New York Times* et *The Spectator*. Ils ont également été diffusés sur *Channel 4 Online* ainsi que sur plusieurs radios telles que la *BBC Radio 4*, la *BBC Wales*, *ABC Radio Australia*, ou encore la *BBC World Service*.

Références Internet (en anglais)

Website:http://www.modernstoicism.com/

Youtube:https://www.youtube.com/user/StoicismToday

Twitter:https://twitter.com/StoicWeek

Facebook:https://www.facebook.com/groups/Stoicism/

TABLE DES MATIÈRES

À propos de Vivre le Stoïcisme Aujourd'hui … v

Contributeurs … 1

Avant-propos … 7

INTRODUCTION … 11

Une introduction au stoïcisme … 16

PARTIE I : LA THÉORIE STOÏCIENNE … 19

Les idées fondamentales de l'éthique stoïcienne dans l'œuvre de Marc Aurèle … 20

La communauté humaine selon les stoïciens … 25

Les stoïciens ne sont pas des êtres insensibles ! … 30

Des motivations du stoïcien … 34

PARTIE II : MODERNISER LE STOÏCISME … 35

Quel stoïcisme ? … 38

Approche moderne et simplifiée du stoïcisme … 41

Ce que les stoïciens peuvent nous apporter … 45

PARTIE III : CONSEILS DE STOICIENS … 56

L'acceptation de la mort … 57

Gratitude et émerveillement … 60

Bonheur à vendre : que dirait Sénèque ? … 65

Adoptez un point de vue stoïcien : une technique antique pour le consommateur moderne … 69

PARTIE IV : HISTOIRES DE VIE — 73

   Mon expérience du stoïcisme — 74

   L'avocat stoïcien — 80

   Le maire stoïcien — 87

   Le plus grand de tous les combats — 95

   Le docteur stoïcien — 99

   Rêveries d'une femme stoïcienne — 103

   Sur les moufettes, la choucroute et le stoïcisme — 108

   Sous ma chemise, le « S » de Stoïcien — 111

PARTIE V : LE STOÏCISME À L'USAGE DES PARENTS ET DES ENSEIGNANTS — 119

   Comment s'en sortir avec des enfants en bas-âge — 120

   Paternité et acceptation stoïcienne — 124

   Valoriser le cheminement — 127

   L'enseignement et le contrôle stoïciens — 131

   Introduire la philosophie pratique dans les salles de classe — 134

PARTIE VI : LE STOÏCISME ET LA PSYCHOTHÉRAPIE — 141

   Le stoïcisme s'avère-t-il efficace ? Le stoïcisme et la psychologie positive — 142

   Aperçu de l'influence du stoïcisme sur la logothérapie développée par Frankl — 151

   Mon recouvrement de santé mentale grâce à la TCC et au stoïcisme — 158

PARTIE VII : LE STOÏCISME ET LA PLEINE CONSCIENCE — 167

   La vertu de pleine conscience : une méditation orientale pour la morale stoïcienne — 168

La pleine conscience du stoïcisme et l'absence de conscience du bouddhisme   175

La pleine conscience stoïcienne a-t-elle déjà existé ?   178

PARTIE VIII : LE STOÏCISME EN LITTÉRATURE ET DANS LA CULTURE MODERNE   185

Le cercle d'Épictète : le stoïcisme en prison   186

The phœnix cycle : science-fiction et stoïcisme   199

Socrate au pays des Saracens   205

Conversation avec John Lloyd   216

Le stoïcisme et Star Trek   221

Contributeurs

Corey Anton (Docteur, Université de Purdue, 1998) est professeur de Sciences de l'Information et de la Communication à l'Université Grand Valley State University, dans le Michigan, aux États-Unis. Il est l'auteur de *Self hood and Authenticity* (SUNY Press, 2001) et de *Sources of Significance: Worldly Rejuvenation and Neo-Stoic Heroism* (Duquesne University Press, 2010).

Jan-Fredrik Braseth est un philosophe norvégien. Il est titulaire d'une maîtrise en philosophie et a suivi une formation de conseiller philosophique. Il vit à Oslo et travaille comme conseiller auprès de personnes au chômage pour problèmes de santé. www.janfredrik.no

Paul Bryson est un avocat installé dans la région métropolitaine de Columbus en Ohio aux États-Unis. Il a étudié la philosophie stoïcienne depuis qu'il a découvert l'œuvre de Sénèque en cours de latin au lycée. www.stoiclawyer.wordpress.com

Michael Burton est un enseignant canadien du secondaire installé au Royaume-Uni. Il a découvert le stoïcisme en suivant des cours de philosophie au lycée et ce courant a dès lors été une source d'inspiration constante pour lui. Il publie des articles concernant à la fois la philosophie et l'éducation sur son blog. http://burtonsblogs12.blogspot.co.uk

Ben Butina travaille dans le domaine de la formation et du développement. Il est titulaire d'une maîtrise en Psychothérapie et entreprend actuellement un doctorat en Psychologie. Outre le stoïcisme, il porte une attention particulière à la philosophie et la religion occidentale. Il vit en compagnie de son épouse et de ses enfants à Latrobe, en Pennsylvanie. http//:approximatelyforever.com

Bob Collopy est écrivain, pilote, directeur commercial, directeur de succursale d'une maison de courtage immobilier et associé au sein d'une start-up financée par l'Université d'Arizona. Cette entreprise développe et commercialise de nouvelles technologies informatiques utilisées en plongée sous-marine. Il est également membre des Eagle Scout.

Stephen J. Costello est le fondateur et directeur de l'institut irlandais Viktor Frankl Institute of Ireland. Il est philosophe, écrivain, logothérapeute et professionnel de l'analyse existentielle. Depuis plus de vingt ans, il enseigne la philosophie et la psychologie au University College Dublin ainsi qu'au Trinity

College Dublin et, plus récemment, à la Dublin Business School. Il est l'auteur de *The Irish Soul: In Dialogue* (The Liffey Press, 2002), *The Pale Criminal: Psychoanalytic Perspectives* (Karnac Books, 2002), *18 Reasons Why Mothers Hate Their Babies: A Philosophy of Childhood* (Eloquent Books, 2009), *Hermeneutics and the Psychoanalysis of Religion* (Peter Lang AG., 2009), *The Ethics of Happiness: An Existential Analysis* (Wyndham Hall Press, 2011), *What are Friends For?: Insights from the Great Philosophers* (Raider Publishing International, 2011), *Philosophy and the Flow of Presence* (Cambridge Scholars Publishing, 2013), et *The Truth about Lying* (The Liffey Press, 2013).

Kelly Coyne a co-écrit *The Urban Homestead: Your Guide to Self-Sufficient Living in the Heart of the City* (Process, 2010) et *Making It: Radical Home Ec for a Post Consumer World* (Rodale Press, 2011) avec son mari, Erik Knutzen. www.rootsimple.com

Bernard Dato est fasciné par les super-héros et il a lui-même endossé de nombreuses identités au cours de sa vie : musicien, sportif de compétition (champion de France NABBA), préparateur de combattants et portier en discothèque. Il est aujourd'hui auteur de nouvelles (publiées par *MDM* et *Muscle Show*) et essayiste (études sur les grands dessinateurs de la Bande Dessinée américaine publiées dans *Comic Box*). Il s'est depuis quelques temps converti à une "vie philosophique" largement irriguée par le stoïcisme.

James Davinport est un pseudonyme. Il vit et travaille à Londres.

Michel Daw a été enseignant pour adultes pendant plus de vingt ans. Il est écrivain et orateur. Il tient également un blog traitant de sujets qui se rapportent au stoïcisme. Avec l'aide de sa femme Pamela Daw, il anime fréquemment des ateliers dédiés au stoïcisme dans sa commune, au Canada. http://livingthestoiclife.org

Pamela Daw est mère de trois enfants désormais adultes et l'épouse de Michel Daw depuis vingt-huit ans. C'est avec ce dernier qu'elle dirige des ateliers dédiés au stoïcisme au Canada. http://musingofastoicwoman.blogspot.com

Jules Evans est l'auteur de *Philosophy for Life and Other Dangerous Situations* (Rider, 2013). Il est directeur du *Center of the History of Emotion* (Centre de l'histoire des sensibilités) de l'Université Queen Mary de Londres. Plus récemment, il a créé et mis en place un cours de philosophie pratique au sein de la prison de Low Moss en Écosse et du club de rugby anglais Saracens.

http://www.philosophyforlife.org

Jen Farren est une auteure indépendante installée dans les Balkans. Son œuvre concerne principalement le passé et l'actualité de la culture, l'art et les idéologies balkaniques. Elle a fait carrière dans la recherche, l'analyse, l'écriture et la communication pour le chemin de fer métropolitain, la police et le gouvernement de Londres. Elle a également travaillé pour la compagnie de théâtre Iroko, pour le projet Royal Docks et pour le Heritage Lottery Fund. http://gotirana.wordpress.com

Mark Garvey est l'auteur de *Searching for Mary* (Plume, 1998), Come Together (Thomson, 2006) et *Stylized* (Touchstone, 2009). Ses articles et essais sont parus, entre autres, dans *The Wall Street Journal*, *The Oxford American*, *Writer's Digest*. Il vit à Cincinnati dans l'Ohio et tient le blog www.oldanswers.com

Christopher Gill est un professeur émérite en philosophie antique à l'Université d'Exeter, au Royaume-Uni, sujet qu'il a abondamment traité dans son œuvre. Il a écrit, entre autres, *The Structured Self in Hellenistic and Roman Thought* (Oxford University Press, 2006) et *Naturalistic Psychology in Galen & Stoicism* (Oxford University Press, 2010). Il a également rédigé l'introduction et les notes des ouvrages *Epictetus: Discourses, Fragments, Handbook* et *Marcus Aurelius: Meditations*, tous deux inscrits dans la série des Oxford World's Classics.

Laura Inman est une chercheuse et auteure indépendante mais également une professeure et avocate en retraite. Parmi ses travaux liés à l'œuvre des Brontë, on trouve notamment *The Poetic World of Emily Brontë* (Sussex Academic Press, 2014) ainsi que des articles dédiés à Emily Brontë dans *Brontë Studies and Victorians: Journal of Culture and Literature*. Ses essais sur la littérature et le stoïcisme ainsi que ses nouvelles ont été publiés dans des magazines en ligne et des blogs. Elle a également publié son travail sur son propre blog (thelivingphilosopher.com) dans lequel elle propose un guide de vie littéraire et stoïcien. Elle est titulaire d'un doctorat remis par la Faculté de Droit de l'Université du Texas à Austin, d'une licence en Français obtenue à l'Université d'Arizona, ainsi qu'un master en Éducation Anglaise du Manhattanville College de Purchase, New-York.

Kevin Kennedy est un historien, écrivain et guide touristique germano-américain résidant à Potsdam en Allemagne. Il est spécialiste de l'histoire moderne de la

Prusse, de l'Allemagne et de l'Europe Centrale. Il s'intéresse également aux études urbaines, à la philosophie et, bien évidemment, au stoïcisme.

Erik Knutzen a co-écrit, avec sa femme Kelly Coyne, *The Urban Homestead: Your Guide to Self-Sufficient Living in the Heart of the City* (Process, 2010) et *Making It: Radical Home Ec for a Post Consumer World* (Rodale Press, 2011). http://rootsimple.com

Tim Le Bon est membre déclaré du United Kingdom Council for Psychotherapy[1] et travaille au National Health Service sur le projet Improving Access to Psychological Therapies visant à améliorer l'accès à la psychothérapie et au sein duquel il applique la psychothérapie cognitivo-comportementale. Il exerce également en tant que thérapeute et conseiller de vie dans son cabinet situé dans le centre de Londres. Il est le fondateur et le rédacteur en chef du journal Practical Philosophy ainsi que l'auteur de Wise Therapy (Sage, 2001) et de Achieve Your Potential with Positive Psychology (Hodder, 2014). www.timlebon.com

Chris Lowe vit à Halifax, en Nouvelle-Écosse. Son intérêt s'est porté sur le stoïcisme à partir de la fin de l'année 2013. Il étudie l'œuvre classique d'Épictète et de Marc Aurèle tout en conservant un intérêt pour les philosophies orientales. Il étudie le stoïcisme de manière autodidacte et fait part de ses connaissances sur son blog. http://stoicism.ca

Antonia Macaro a été membre déclarée au sein du United Kingdom Council for Psychotherapy où elle a exercé la psychothérapie existentielle. Elle est titulaire d'un master en philosophie et s'est engagée dans le mouvement du soutien psychologique à travers la philosophie dès son apparition au Royaume-Uni. Elle est notamment l'auteure de *Reason, Virtue and Psychotherapy* (Wiley-Blackwell, 2006) et de *The Shrink and the Sage* (IconBooks, 2012) en collaboration avec Julian Baggini. En novembre 2013, elle a participé à une table ronde lors de l'évènement *Stoicism for Everyday Life* qui s'est déroulé à Londres.

Aditya Nain est titulaire d'un master en philosophie remis par l'Université de Pune, en Inde, ainsi que d'un diplôme en Finance de l'Université de Londres. Il est professeur adjoint à la Symbiosis School for Liberal Arts (SSLA) à Pune et poursuit également un doctorat en Philosophie de l'Argent à l'Indian Institute of

---

[1] L'associationnationale des professionnels de la psychothérapie du RoyaumeUni.

Technology de Bombay (IITB) au sein du programme pour professeurs universitaires. http://adityanain.com

Tim Rayner est le co-fondateur et le directeur de l'organisation australienne One Million Acts of Innovation. Il a enseigné la philosophie à l'Université de Sydney et à l'Université de la Nouvelle-Galles du Sud en Australie. Il est l'auteur de *Life Changing: A Philosophical Guide*, un manuel dédié au changement de mode de vie. Il a également été récompensé pour le court-métrage *Coalition of the Willing* (2010). http://timrayner.net

Donald Robertson est un psychothérapeute cognitiviste-comportementaliste, un formateur et un auteur spécialisé dans le traitement contre l'anxiété, la thérapie cognitivo-comportementale et l'hypnothérapie. Il a notamment écrit *Teach Yourself Stoicism and the Art of Happiness* (Teach Yourself, 2013), *Resilience: Teach Yourself How to Survive and Thrive in Any Situation* (Teach Yourself, 2012) et *The Philosophy of Cognitive Behavioral Therapy: Stoic Philosophy as Rational and Cognitive Psychotherapy* (KarnacBooks, 2010). http://philosophy-of-cbt.com

Helen Rudd a été plongée dans un coma de trois semaines après avoir souffert d'un traumatisme crânien en 2006. Par la suite, elle souffrit d'une grave dépression face aux changements qui s'étaient imposés dans sa vie suite à son handicap. Cependant, à travers le stoïcisme, elle a su reprendre sa vie en main et en tirer le meilleur parti.

Roberto Sans-Boza a été diplômé de l'Université de Cadix en Espagne en 1991. Il a achevé sa formation de spécialiste en neurophysiologie clinique à l'hôpital universitaire San Carlos de Madrid ainsi qu'une autre formation en électroencéphalographie intracrânienne et dans la télémétrie vidéo au Montreal Neurological Institute au Canada. Le Docteur Sans-Boza a pris pour la première fois ses fonctions en tant que consultant en 1998 au Walton Centre de Liverpool et à l'hôpital Glan Clwyd au Pays de Galles du Nord. Il a rejoint le service de la neurophysiologie clinique à l'hôpital Derriford en 2013.

John Sellars est un chercheur détenteur du titre de Research Fellow au King's College de l'Université de Londres. Il a écrit deux livres sur le stoïcisme: *Stoicism* (Routledge, 2006) et *The Art of Living: The Stoics on the Nature and Function of Philosophy* (Bloomsbury Academic, 2013). www.johnsellars.org.uk

Jeff Traylor a acquis une grande expérience du milieu correctionnel, que ce soit par la mise en place d'un système de permissions pour les détenus de la prison à sécurité maximale d'Ohio ou par sa fonction d'éducateurs pécialisé dans les aptitudes cognitives au sein d'un établissement correctionnel communautaire. Il a également exercé ausein de la faculté du Michigan Judicial Institute et a formé des centaines de professionnels allant des agents de libération conditionnelle aux travailleurs sociaux. Il est diplômé de l'Université d'Ohio et a publié une série de récits de voyage en Ohio intitulée *Life in the Slow Lane* (King ofthe Road Press).

Patrick Ussher est doctorant à l'Université d'Exeter et il étudie le développement éthique stoïcien. Dans son mémoire de maîtrise en philosophie, il a comparé le stoïcisme au bouddhisme dit occidental. Il est en charge de la rédaction et de la gestion du blog *Stoicism Today*.

Matt Van Natta est un stoïcien pratiquant. Vous le retrouverez sur http://immoderatestoic.com. Il est également un époux, un père de famille et un expert en gestion des situations d'urgences. Il se sert du stoïcisme pour remplir chacun de ces trois rôles.

Avant-propos

Dr. Stephen J. Costello

Ce livre reflète et représente un grand nombre de thèmes allant de l'éthique et des émotions stoïciennes à la paternité, aux sentiments et à la logothérapie Viktor Frankl, du maire stoïcien et de la pleine conscience à la philosophie pratique, à l'éducation des enfants, à la psychothérapie et aux prisons, de Star Trek et Socrate aux avocats, à la littérature et au mode de vie stoïcien. Chacun peut alors s'identifier dans cette compilation d'articles éclectique.

On retrouve les notions « stoïcisme » et « aujourd'hui » dans le titre de cet ouvrage, ce qui suggère que le stoïcisme athénien de l'Antiquité, appartenant à l'école helléniste de la philosophie pratique, reste pertinent à notre époque. Les stoïciens ont lutté contre la souffrance. Ils cherchaient à adapter leur volonté au monde et désiraient cultiver la vertu dans le but de prospérer. Ils considéraient que le comportement d'un individu était plus significatif que ses paroles et interprétaient la philosophie non pas comme une complexe discipline ésotérique, académique et théorique mais comme un choix de vie pour qui aurait été séduit par la Sagesse (sophia) et le Bien (agathon).

Dès son apparition, cette philosophie s'est avérée populaire grâce à son aspect pratique et profond. Elle parvint même à conquérir un empereur, Marc Aurèle, qui rédigea par la suite les célèbres *Pensées pour moi-même*. Néanmoins, un autre empereur, Justinien Ier, ferma, en 529 av. J.-C, ces écoles de philosophie dîtes « païennes » et considérées comme incompatibles avec le christianisme constantinien (Constantin Ier avait réuni le premier concile de Nicée en 325 av. J.-C.). Cependant, les notions du stoïcisme ont imprégné la croyance spirituelle d'Ignace de Loyola, pour ne citer qu'un seul fondateur religieux, qui christianisa les exercices spirituels des premiers stoïciens, comme bien d'autres l'auraient fait.

Mais pourquoi un tel succès ? Les stoïciens s'attendent à ce que nous fassions preuve de courage face aux revers du destin, que nous développions la maîtrise de soi (tout particulièrement lorsque surgissent des pensées négatives et destructives), que nous forgions notre conscience et notre bien-être spirituel, et que nous conformions nos vies au logos divin à travers toute la création. Ils souhaitent que nous soyons passionnés, heureux, sereins, courageux, disciplinés et justes. Ils souhaitent que nous explorions nos vies et que nous pratiquions au quotidien ces exercices spirituels qui se transformeront en une coutume de notre essence et nous aideront jour après jour. Ils souhaitaient que nous nous montrions indifférents face aux futilités et que nous nous focalisions sur ce qu'il nous est possible de contrôler et de choisir plutôt que sur ce qui est hors de notre portée. Ils souhaitaient enfin que nous vivions heureux, que nous nous aimions et aidions les uns les autres et que nous vivions éperdument. En effet, nous ne sommes pas distraits par les faits mais par l'interprétation et le point de vue que l'on en dégage. Ces idéaux ne valent-ils pas la peine d'être poursuivis, obtenus et vécus ? En un mot, ils souhaitaient que nous menions une vie plus sensée et moins déraisonnable.

Fondé par Zénon de Cition, le stoïcisme a notamment été rejoint par des hommes aussi grands que Sénèque, l'illustre avocat, Épictète, l'ancien esclave, ou encore Marc Aurèle, l'empereur romain. Ils furent les premiers à briller au sein de ce mouvement philosophique. Leurs œuvres, qu'il s'agisse des Lettres de Sénèque, des Entretiens d'Épictète ou des Pensées de Marc Aurèle, sont une source d'inspiration, de motivation et d'élévation de soi qui cherchent à nous persuader et à nous réprimander avec douceur à travers leurs encouragements. Ceci étant, rien ne peut atteindre notre âme, la citadelle de notre être. Il nous est possible de contrôler beaucoup de choses, mais qu'en-est-il du reste ? Le reste dépend de Dieu car il en est de sa responsabilité et non de la nôtre. L'important n'est pas de vivre longtemps mais de vivre dignement ; une vie longue n'est pas préférable à une vie vertueuse. Cela même nous est également enseigné par l'ancienne et noble Stoa[2]. Désirez-vous êtrelibre ? Alors cessez d'être esclave. Les stoïciens nous ont menés le

---

[2]   N.d.T. : une Stoa est un bâtiment couvert, fermé à l'arrière et ouvert en façade par une colonnade. C'est un lieu de rencontre et les premiers stoïciens se réunissaient sous la Stoa Poikilè, à proximité de l'agora d'Athènes. Le mouvement philosophique en tira alors son nom, qui signifie littéralement « les gens de la Stoa ».

long du chemin et, de leurs lanternes, ont illuminé les ténèbres de notre époque. Il nous revient à présent de choisir si nous suivrons leur exemple ou non.

Dublin, juillet 2014

INTRODUCTION

Il n'est pas difficile de comprendre pourquoi le stoïcisme attire de plus en plus l'intérêt du public : il s'agit d'une philosophie forte qui propose un mode de vie solide et qui soutient que cultiver la vertu permet de surmonter les obstacles auxquels nous devons faire face et de mener une vie structurée et raisonnée contribuant au bien commun. Aussi longtemps que l'on se posera la question « Comment puis-je mener une vie agréable ? », le stoïcisme se fera un plaisir de nous répondre.

La plupart de ces réponses sont exposées dans cet ouvrage et ont été combinées par des adeptes et des pratiquants du stoïcisme moderne. L'ensemble de la théorie stoïcienne, y compris ses conseils et les anecdotes qui s'y rattachent, sont au cœur de cette œuvre (Parties I, III et IV). Vous pourrez lire des exemples saisissants de ce que signifie le fait de mener une vie stoïcienne : faire face à l'adversité (et finalement la tourner à son avantage), exercer sa profession en s'appuyant sur l'éthique et sur certaines valeurs essentielles, surmonter la peur de la mort ou encore prendre conscience de la nature du bonheur lui-même. Au fur et à mesure de cette lecture, nous découvrirons que le stoïcisme n'a pas peur d'être une philosophie réaliste : il ne recule pas devant la dure réalité de la vie et, qui plus est, propose une manière de faire face aux difficultés qui se présentent à nous. Dans une culture où se « sentir bien » semble être l'objectif principal (ce qui est peu facile lorsque les temps sont durs), l'idée de rechercher un certain concept du « bien » et d'adopter un état d'esprit remarquable qui permet d'aborder les difficultés de front s'est démarquée, tout comme l'idée de structurer sa vie dans son ensemble autour d'une série cohérente de valeurs.

La Partie V illustrera également les réflexions du stoïcisme concernant et l'enseignement et l'éducation des enfants par les parents. Pour les stoïciens de l'Antiquité, l'un des principaux objectifs de la vie était d'entretenir du mieux que possible les relations sociales

« naturellement acquises », et particulièrement les responsabilités de chacun en tant que parent. Cette relation, placée au cœur de la théorie cosmopolite stoïcienne, a été très attentivement analysée par trois des fondateurs du stoïcisme. En revanche, les stoïciens n'ont pas seulement cherché à exceller dans le rôle qu'ils avaient « acquis naturellement », ils souhaitaient également se démarquer dans leur rôle sociétal. Ainsi, les bienfaits du stoïcisme dans l'éducation seront étudiés dans la Partie V.

Considérer le stoïcisme et ses fonctions dans le monde moderne n'est pas toujours simple et certains des problèmes que cela peut supposer seront exposés dans la Partie II. « Adapter » le stoïcisme présenterait-il un risque de créer un « stoïcisme superficiel » qui se focaliserait uniquement sur l'aspect technique et non plus sur l'éthique et les valeurs morales ? Dans ce procédé d'adaptation, quels sont les aspects de cette philosophie antique que nous devrions conserver et quels sont ceux que nous devrions écarter ? Pourquoi ? Ce courant philosophique a-t-il réellement besoin d'être modernisé ? Il n'existe pas de réponses définitives à cela, et il ne devrait pas y en avoir, bien que ces interrogations soient nécessaires. Toute tradition philosophique (ou même religieuse) se remet fréquemment en question et il s'agit très certainement d'une condition indispensable à la bonne mise en pratique de ces principes philosophiques.

Alors que l'on parle d'« adaptation », il est difficile de ne pas se remémorer également celle des pratiques bouddhistes au courant populaire occidental des dernières décennies par le biais de la « méditation de pleine conscience » ou de la capacité d'un individu à se concentrer sur le moment présent. Effectivement, nombre de ceux ayant découvert le stoïcisme ont également pratiqué la méditation de pleine conscience ou une forme de bouddhisme, et sont généralement frappés par les similitudes entre les deux philosophies. L'étude de ces similitudes devra être approfondie, et celle des différences, qui me semblent conséquente, davantage encore. Pour donner un aperçu, les trois articles de la partie VII proposent une première approche de deux perspectives distinctes de la pleine conscience : celle du stoïcisme et celle du bouddhisme. Le premier article soutient que la méditation de pleine conscience peut amener et façonner la pratique du stoïcisme alors que le second plaide qu'il existe une telle dichotomie intrinsèque entre les deux philosophies que les pratiques de la pleine conscience de ces deux systèmes de pensées ne peuvent s'associer. En revanche, le troisième article tente de déterminer si le stoïcisme classique portait en lui quelque chose de semblable à ce que l'on connaît aujourd'hui sous le nom de « pleine conscience ».

L'influence des idées du stoïcisme sur la psychothérapie moderne, et notamment sur les domaines de la psychothérapie cognitivo-comportementale (PCC) et de la thérapie rationnelle-émotive (TRE), est une référence souvent utilisée qui dénote l'importance du courant philosophique dans le monde actuel. L'affirmation d'Épictète stipulant que « ce qui trouble les hommes, ce ne sont pas les choses elles-mêmes mais le jugement qu'ils en ont » (Manuel, Chapitre V) a été particulièrement influente, tout comme d'autres déclarations récemment mentionnées par Donald Robertson dans *The Philosophy of Cognitive-Behavioural Therapy*, 2010. Dans la Partie VI sera présenté un raisonnement selon lequel l'association de la PCC et du stoïcisme peut aider un individu à recouvrer la santé mentale. Il existe cependant des similitudes entre le stoïcisme et d'autres approches psychothérapeutiques encore peu étudiées. Par exemple, l'un des articles analyse les recherches effectuées pour mesurer scientifiquement l'efficacité de l'aide que le stoïcisme apporte aux individus. Ces recherches se sont déroulées dans le cadre d'un travail similaire effectué dans le domaine de la « psychologie positive », une branche de la psychologie qui étudie les valeurs morales, les forces et le sens de la vie. Un autre article s'intéresse à la logothérapie, une pratique développée par Viktor Frankl, survivant des camps de concentration durant l'holocauste. Tandis que la relation entre la PCC, par exemple, et le stoïcisme est évidente, particulièrement dans le « défi de nos impressions » (ou « pensées ») et l'aspiration à des pensées plus équilibrées et plus précises, les similitudes entre le stoïcisme et la logothérapie se distinguent davantage à un degré plus philosophique et plus profond indépendamment des circonstances, notamment en ce qui concerne leur objectif de « recherche du sens de la vie ». En ce sens, il n'est pas surprenant qu'une philosophie soutenant qu'il est possible de demeurer digne même « sous la torture » s'apparente à une thérapie philosophique fondée par un survivant de l'holocauste.

La dernière partie de l'ouvrage propose un point de vue différent à travers l'étude des manifestations du stoïcisme au sein de la culture moderne. Seront traités l'utilisation du courant philosophique par le club de rugby anglais Saracens (dont l'objectif est de jouer en faisant preuve de talent et de morale et non pas uniquement de gagner), le soutien qu'Épictète apporta aux détenus pénitentiaires afin qu'ils puissent reprendre leur vie en main, ainsi que l'apparition du stoïcisme dans des contextes improbables, notamment dans un roman de science-fiction et dans la série Star Trek. Si vous le pouvez, tentez de ne pas vous convertir en Monsieur Spock...

Je souhaiterais également commenter deux questions rédactionnelles. Premièrement, l'interprétation du stoïcisme présentée dans l'ensemble de cet ouvrage n'est pas homogène étant donné qu'il rassemble une grande quantité d'articles témoignant d'opinions personnelles. Il s'agit là de la nature même du sujet qui est également une réalité au sein du monde académique : le noyau, les idées fondamentales de l'éthique stoïcienne, par exemple, continuent d'alimenter de nombreux débats. Même les stoïciens ont eu leurs propres divergences d'opinions sur un sujet spécifique. Deuxièmement, l'intégralité des traductions d'Épictète, de Marc Aurèle et de Sénèque présentes dans cet ouvrage ont été effectuées par les traducteurs de l'œuvre. Pour des raisons d'adaptation au public moderne, le texte a pu être modifié occasionnellement[3]. En définitive, je souhaiterais remercier de tout cœur chaque intervenant ayant contribué à cet ouvrage qui, je l'espère, n'est que le premier d'une future série. J'encourage chaque lecteur souhaitant partager son expérience du stoïcisme à me contacter

---

[3] N.d.T. : cette modification a été effectuée sur la traduction anglaise des originaux et a été reproduite ici en français.

à travers le site Internet de *Vivre le Stoïcisme Aujourd'hui* (http://blogs.exeter.ac.uk/stoicismtoday/).

J'espère que ce recueils aura attirer les universitaires travaillant sur ce courant philosophique et intéressés par son usage moderne autant que les individus l'utilisant dans leur vie personnelle.

Patrick Ussher,

Exeter, septembre 2014.

Une introduction au stoïcisme

John Sellars

Le stoïcisme faisait partie des quatre principales écoles de philosophie de la Grèce antique, à l'égal de l'Académie de Platon, du Lycée d'Aristote et du Jardin d'Épicure. Il a prospéré pendant environ deux-cents cinquante ans. Il était notamment très apprécié par les Romains et avait séduit de nombreux amateurs tels que l'homme d'État Sénèque, l'ancien esclave Épictète et l'empereur Marc Aurèle. L'œuvre de ces trois grands stoïciens à traversé le temps jusqu'à nous parvenir et a suscité un grand intérêt de la Renaissance jusqu'à ce jour. Bien que la philosophie stoïcienne soit un ensemble complexe regroupant des disciplines aussi variées que la métaphysique, l'astronomie et la grammaire, ces trois œuvres s'appliquent à prodiguer des conseils pratiques à ceux qui recherchent bien-être et bonheur. Si vous ne vous êtes pas encore familiarisé savec le stoïcisme, voici quatre notions fondamentales qui vous aideront à en comprendre les principes :

Les valeurs morales : le bien ne s'exprime véritablement qu'à travers un esprit remarquable défini par la vertu et la raison. Rien d'autre ne peut vous garantir le bonheur. Ce qui nous est extérieur, comme l'argent, le succès ou encore la célébrité, ne peut mener au bien-être. Bien que ces éléments ne représentent rien de mal, qu'ils aient de la valeur et qu'ils puissent très bien faire partie d'une vie agréable, ne vivre que dans le but de se les approprier peut entraver le seul moyen dont nous disposons pour atteindre le bonheur : un état d'esprit rationnel et remarquable.

Les émotions : nos émotions sont les projections de notre jugement, de notre impression qu'un bien ou qu'un mal se déroule ou est sur le point de se dérouler. Nombre de nos sentiments négatifs se fondent sur des erreurs de jugements. C'est néanmoins parce qu'ils sont dus à notre propre jugement qu'ils peuvent être contrôlés. En changeant notre perception des choses, nous sommes capables de changer nos émotions. En dépit de l'opinion commune, le stoïcien ne refoule ni ne dément ses émotions mais cherche simplement à ne pas éprouver de sentiments négatifs en premier lieu. L'objectif est alors de surmonter ces sentiments nuisibles qui sont la conséquence de nos erreurs de jugement tout en adoptant une attitude positive par laquelle nous remplaçons la colère par la joie.

La nature : les stoïciens nous enseignent qu'il nous faut vivre en harmonie avec la nature. En ce sens, nous devons reconnaître que nous sommes d'infimes constituants d'un grand ensemble organique lui-même modelé par un procédé plus vaste qui finit par échapper à notre contrôle. Tentez de résister à ces procédés ne peut mener qu'à la colère, à la frustration et à la déception. Bien qu'il nous soit possible de changer un certain nombre de choses sur Terre, certaines demeurent hors de notre portée ; c'est là un fait qu'il nous faut comprendre et accepter.

Le contrôle : conformément aux théories exposées ci-dessus, nous sommes capables de contrôler certaines choses telles que nos opinions et notre état d'esprit, mais n'avons aucun pouvoir sur d'autres comme les objets ou encore les procédés qui nous sont étrangers. La tristesse que nous éprouvons est fréquemment provoquée par la confusion de ces deux catégories : penser à tort que nous avons le contrôle sur quelque chose. Heureusement, ce que nous contrôlons est l'unique chose qui nous garantisse une bonne et heureuse vie.

PARTIE I

LA THÉORIE STOÏCIENNE

Les idées fondamentales de l'éthique stoïcienne dans l'œuvre de Marc Aurèle

Christopher Gill

Il est possible d'observer l'influence du stoïcisme sur Marc Aurèle au travers de son ouvrage *Pensées pour moi-même* qui rappelle fortement les idées stoïciennes bien que l'auteur n'en utilise pas la terminologie et qu'il reformule parfois ces idées d'une façon qui lui est propre. À cette époque, on n'identifie pas moins de cinq caractéristiques relatives au stoïcisme et chacune d'elle correspond à un thème abordé dans *Pensées pour moi-même*. La première de ces idées consiste à assimiler une vie heureuse à une vie vertueuse. La vertu serait alors le seul élément nécessaire au bonheur et toute autre chose généralement considérée comme plaisante, comme la santé, la prospérité matérielle ou encore le bien-être de sa famille et de ses amis, est jugée comme n'ayant aucun rapport avec le bonheur ; ces éléments sont qualifiés « d'insignifiants » bien qu'ils soient naturellement « appréciables ». Le second thème abordé soutient que le désir et les émotions dépendent directement des opinions qui définissent ce qui est précieux et attirant ; ils ne constituent pas une dimension supplémentaire (irrationnelle) de la vie psychologique. Selon cette idée, les émotions et les désirs ressentis par la plupart des gens sont provoqués par leurs convictions éthiques erronées et sont ainsi considérés comme étant des « maladies » psychologiques. Le troisième thème concerne la tendance naturelle et inhérente qu'ont les êtres humains à s'entraider. Si elle est développée correctement, cette tendance s'exprime au travers d'un engagement absolu envers sa famille et son rôle communautaire ainsi que par sa volonté de considérer chaque être humain comme faisant partie d'une « fraternité » ou d'une « cité cosmique » ; ils deviennent alors des objets de préoccupation éthique à part entière. Ces trois idées s'ajoutent à une vision très idéalisée de l'éthique et de la psychologie humaine que les critiques antiques considéraient *trop* idéaliste et irréaliste. Cependant, les stoïciens soutenaient que tout être humain est fondamentalement capable de progresser vers cet état idéal de vertu et de bonheur absolus, bien qu'ils admettent la possibilité que personne n'ait jamais atteint cet état jusqu'à présent. Dèslors, une vie éthique s'apparenterait à un processus continu ou à un voyage vers la réalisation de cet objectif que leurs méthodes d'éthique pratique appuieraient.

Ces trois thèmes, ainsi que d'autres idées associées au développement ou progrès moral, s'inscrivent dans le domaine de *l'éthique* telle qu'elle est perçue par le stoïcisme. Un autre thème caractéristique relève de la *physique* (l'étude de la nature) et illustre le lien qui existe entre ce domaine et celui de l'éthique. L'univers naturel était le sujet d'une des principales controverses de l'époque : concrétisait-il un objectif au sens propre ou était-il simplement le résultat aléatoire des lois et processus naturels ? Les stoïciens, à l'instar de Platon et d'Aristote, adoptèrent le premier point de vue tandis que les épicuriens soutinrent le second, lié à leur théorie sur la nature atomique de la matière. La croyance stoïcienne en un objectif propre rejoignait leur vision des événements : selon eux, ces derniers sont déterminés et les successions d'événements sont l'expression de la volonté divine ou de la providence. Ce dernier point illustre la façon dont les stoïciens considéraient les diverses branches de la philosophie (dans ce cas, l'éthique et la physique) comme étant interconnectées et étroitement liées. Ainsi, leur croyance en la providence divine appartenait à l'étude de la théologie qui, selon eux, relevait du domaine de la physique. Cette croyance joua également un rôle dans la formation d'un cadre significatif à l'éthique, qui elle-même donna par la suite un sens à certaines idées (comme celle du *bien*) ; celles-ci étayèrent la notion de providentialisme et soutinrent ainsi les principes de la théologie. Ce dernier point montre que les stoïciens considéraient la philosophie comme un ensemble logique et coordonné de connaissances. Étudier le stoïcisme consistait donc en grande partie à établir des connexions entre les différentes idées et les différentes branches de la philosophie ainsi qu'à comprendre les relations que ces branches entretiennent entre elles.

Une lecture explicative : *Pensées pour moi-même*, 3.11

La pertinence des idées stoïciennes dans *Pensées pour moi-même* est démontrable de deux façons complémentaires. La première consiste à étudier en profondeur un passage particulier qui illustre la manière qu'avait Marc Aurèle de puiser dans ces idées et la façon dont il les conjuguait et les connectait les unes aux autres. La seconde consiste à étudier de manière plus générale les méthodes récurrentes (et parfois étonnantes et distinctives) qu'il utilisait pour traiter chacun de ces sujets. Dans un premier temps, intéressons-nous de plus près à ce passage (3.11) :

« À la suite des recommandations qui précèdent, en voici une autre qu'il est bon d'y ajouter. Lorsqu'un objet nous vient à l'esprit, il faut s'en faire toujours à soi-même une définition et une esquisse afin de pouvoir considérer ce qu'il est une fois réduit à sa condition essentielle, dans son ensemble et au travers de chacun de ses aspects individuellement. Il est nécessaire de toujours identifier la dénomination exacte de cet objet ainsi que le nom de tous les éléments qui le constituent et dans lesquels il peut se décomposer. Rien, en effet, ne contribue autant à la grandeur d'âme que de pouvoir apprécier, avec méthode et en toute vérité, chacun des événements de la vie, et de les observer de manière à pouvoir discerner quel genre d'utilité ils peuvent offrir. Quel rang occupent-ils par rapport au reste du monde et quelles valeurs représentent-ils pour l'homme, ce citoyen de la cité suprême, dont les autres cités ne sont en quelque sorte que les maisons. Quel est donc cet objet qui se présente actuellement à mon esprit ? De quoi se compose-t-il ? Combien de temps doit-il naturellement subsister ? Quelle vertu dois-je exercer à son occasion : la gentillesse, le courage, la véracité, la bonne foi, la simplicité, l'indépendance ? Ainsi pour chaque cas qui se présente, il nous faut penser : cela me vient de Dieu, cela me vient de la coordination et de l'entrelacement des ficelles du destin et de coïncidences et hasards du même ordre, cela me vient des miens, d'un parent ou d'un compagnon, qui ignore pourtant ce qui, pour lui, est conforme à la nature. Cependant, je ne partage pas cette ignorance, c'est pourquoi je le traiterai avec bienveillance et justice selon la loi naturelle de la camaraderie tout en aspirant à ce qu'il mérite quant à ce qui est moralement insignifiant. »

Ce passage illustre clairement une des méthodes d'éthique pratique représentatives de Marc Aurèle qui consiste à élaborer une « définition » ou une « description » des choses puis à les « mettre à nu » pour les réduire à leur réalité essentielle, à leur souche. Si, au premier abord, cela semble être une procédure purement scientifique ou analytique, Marc Aurèle cherche en réalité à atteindre le noyau *éthique* de la situation, bien que cela soit également lié à une meilleure compréhension du monde naturel, comme on le comprend par la suite. La méthode de la « mise à nu » illustre le premier thème stoïcien mentionné précédemment : notre bonheur dépend uniquement de notre capacité à répondre aux situations par la vertu et non par l'acquisition d'avantages matériels et sociaux. Dèslors, cette méthode nous indique de quelle vertu nous devons faire preuve dans un contexte donné (« Quelle vertu dois-je exercer à son occasion : la gentillesse, le courage, la véracité, la bonne foi, la simplicité, l'indépendance ? »). La fin de ce passage fait également allusion à une idée caractéristique du stoïcisme selon laquelle ce qui diffère de la vertu, comme la richesse matérielle, est « moralement insignifiant » et n'influe pas sur notre bonheur. Adopter un comportement vertueux suppose que nos actes soient bénéfiques aux autres êtres humains. Le troisième thème mentionné ci-dessus est également illustré ici : il faut nous efforcer de considérer les autres êtres humains (en principe, tous les êtres humains) comme des « frères » et des « concitoyens » d'une communauté éthique mondiale. Ce passage aborde également le quatrième thème : le lien établi par les stoïciens entre l'éthique et l'univers naturel. Marc Aurèle rappelle que l'univers est imprégné de la providence divine, qui détermine la manière dont les événements se déroulent : « ainsi, pour chaque cas qui se présente à toi, il te faut penser : cela me vient de Dieu, cela me vient de la coordination et de l'entrelacement des ficelles du destin ». De manière générale, l'intégralité du passage révèle que la méthode de la « mise à nu » souligne la connexion implicite entre l'ordre éthique (la manière dont nous nous comportons) et l'ordre naturel ou cosmique. Enfin, ce passage, comme bien d'autres dans *Pensées pour moi-même*, montre combien il est important de mettre en évidence les liens entre les divers thèmes du stoïcisme qui, malgré leurs différences, sont connectés les uns aux autres ; la pensée stoïcienne est en effet connue pour sa nature cohérente et logique. Souligner le lien entre éthique et physique, comme le fait ce passage, est l'un des aspects de ce procédé plus élaboré.

Ce texte est extrait de pp. xv-xviii « Introduction » par Christopher Gill issu de *Meditations : with selected correspondence Marcus Aurelius*, édité par Robin Hard et Christopher Gill (2011) avec la permission de l'Oxford University Press et avec la libre autorisation et la collaboration de l'auteur, Christopher Gill.

La communauté humaine selon les stoïciens

Patrick Ussher

Pour la société actuelle, qui est exceptionnellement individualiste, du moins par rapport à toutes celles observes au cours de l'Histoire, et dans laquelle les devoirs et obligations envers autrui ont diminué progressivement, il peut sembler inhabituel de penser que le Bonheur puisse dépendre de notre capacité à concrétiser la nature sociable inhérente à l'être humain. De nos jours, meme lorsque nous parlons de profiter à soi-même ou à autrui, nous utilisons les termes « égoïsme » ou « altruisme » comme si le second impliquait que l'on mette ses propres besoins de côté un moment afin de penser aux autres. Néanmoins, les notions « d'égoïsme » et « d'altruisme » ne correspondent pas à la vision du monde des stoïciens, qui considéraient l'être humain comme étant *fondamentalement* et naturellement social ; pour eux, être social était bénéfique à l'être humain. Grâce à cette conception de ce qui est bon pour l'Homme, le stoïcisme, que l'on soit d'accordou non avec ses hypothèses, peut apporter un antidote efficace à la manière de penser actuelle.

Dans cet article, je souhaite exposer ce qu'être fondamentalement social signifiait pour les stoïciens. Du point de vue plus moderne et plus scientifique que nous adoptions aujourd'hui, certaines idées, comme celle qui soutient que la nature « souhaite » que nous soyons des êtres sociaux ou qu'elle nous « définit » comme tels, peuvent paraître discutables. Cependant, indépendamment de cela, la théorie stoïcienne nous force à prendre le temps de penser à ce qui peut bien constituer une vie agréable.

***

Le cosmopolitisme stoïcien a développé une métaphore à travers laquelle la race humaine est représentée par un « corps » : de la meme façon que tous les membres du corps contribuent à la bonne santé de celui-ci, chaque être humain contribue au maintien du corps de l'humanité. Ainsi, la tâche du stoïcien serait de concrétiser ses aspirations afin de contribuer au bien commun et d'appuyer son mode de pensée sur la compréhension de soi en tant que *civis mundi*, c'est-à-dire un « citoyen du monde ». Selon Épictète puis Marc Aurèle, dans la pratique, cela signifiait :

« Ne rien considerer comme un objet de profit personnel et ne jamais rien planifier en considérant qu'il s'agit d'un element indépendant, mais agir à la manière du pied ou de la main qui, s'ils étaient capables de faire preuve de raison et de comprendre la constitution de la nature, n'exprimeraient jamais aucun choix ni désir sans se référer à l'ensemble du corps. » *Entretiens,* 2.10.

« Nous sommes nés pour coopérer, tout comme le sont les pieds, les mains, les paupières ou les rangées de dents supérieures et inférieures. Agir l'un contre l'autre va à l'encontre de la nature. » *Pensées pour moi-même*, 2.1.

Serait-ce là un ideal trop élevé ? Sans doute, mais à cela un stoïcien répondrait probablement que c'est parce que nous *sommes* des êtres sociaux que notre Bonheur depend aussi de ces aspirations. Autrement dit, si nous sommes bien des êtres sociaux, comment l'égoïsme, au sens où nous l'entendons, pourrait-il nous mener au bonheur ? Cela est impossible ! En effet, l'être humain ne peu tatteindre la prospérité qu'en cultivant sa nature sociale. Épictète l'explique ainsi :

« …telle est la nature de l'homme animal qui agit toujours en vue de lui-même. Ceci étant, le soleil, tout comme Zeus, œuvre lui-aussi dans son proper intérêt. Néanmoins, lorsque Zeus se veut *Dieu qui amène la pluie, Dieu qui produit le fruit* et *Père des Hommes et des Dieux*, tu comprends qu'il ne peut accomplir ces actions ni mériter cette reconnaissance à moins qu'il ne se montre utile à l'intérêt commun. Il a de plus doté l'homme animal d'une nature telle que ce dernier ne peut rien entreprendre dans son proper intérêt sans contribuer à la collectivité. Ainsi, n'agir que pour soi-même ne peut plus être considéré comme antisocial ». *Entretiens*, 1.19.

Cette comparaison, par laquelle Zeus représente également la Nature, est fondamentale : par définition, la Nature contribue activement au bien commun et profite alors à toutes choses lorsqu'elle amène la pluie ou produit un fruit. À l'idée de « vivre en conformité avec Zeus et la Nature » s'ajoute alors une dimension sociale et, parce qu'être social *est* naturel, cela permet à chacun de s'épanouir. De la même façon, Marc Aurèle compare la vigne à l'individu bienveillant, l'un offrant ses bienfaits naturels à autrui *par le simple fait de jouer son rôle*, l'autre multipliant les bonnes actions et ne recherchant que la satisfaction de réaliser l'acte en lui-même :

> « À l'égal que la vigne qui donne du raisin et qui ne recherche rien de plus une fois son fruit porté […] l'homme bon ne vante pas sa bonne action mais cherche à en accomplir une nouvelle, tout comme la vigne portera de nouveaux fruits en son temps ». *Pensées pour moi-même*, 5.6.

En somme, la réflexion paradoxale d'Épictète selon laquelle *n'agir que pour soi-même ne peut plus être considéré comme antisocial* est basée sur l'observation que l'être humain ne peut trouver le bonheur qu'en manifestant sa bonne volonté à l'égard d'autrui.

Comment l'aspect essentiel du stoïcisme, à savoir l'aspiration à mener une vie vertueuse, peut-il s'inscrire dans ce cadre ? Valoriser le comportement vertueux comme étant « le seul bon comportement » se réduit-il à tourner en rond dans une « bulle de vertu », comme on caricature souvent le stoïcisme ?

Cela est peu probable. D'après les stoïciens, la vertu n'est pas un élément isolé. Pour se concrétiser, le comportement vertueux, ou « bon », doit s'établir au sein même de nos relations sociales. Pour les stoïciens, il appartient à chacun de considérer les relations à autrui comme le terrain adapté aux comportements vertueux. Bien souvent, les lecteurs sont déconcertés par le stoïcisme lorsqu'ils lisent un passage d'Épictète dans lequel il déclare : « Mon père n'est rien pour moi ! Il n'est pas un bien ! ». Cependant, cet effarement n'a pas lieu d'être car, en réalité, Épictète recommande que l'on accorde de l'importance au fait *d'être un bon fils*. Quel est le sens de cette distinction ? Comme toujours, cela est lié à l'intérêt d'Épictète pour « ce qui dépend de nous » : vous n'avez aucun contrôle sur votre père en lui-même (comme vous l'avez sans doute remarqué !) alors que vous maîtrisez en partie la relation que vous entretenez avec lui. Une fois que ce changement d'attitude se manifestera dans vos relations sociales, vous valoriserez davantage votre rôle en tant que bon ami, que bon parent, etc. Épictète décrit ce changement de la manière suivante :

> « L'être humain est attiré par ce qu'il peut qualifier de "moi" et de "mien". Si le "moi" et le "mien" s'inscrivent dans la chair, alors c'est là que le pouvoir dominant de l'être humain résidera, s'ils s'inscrivent dans un objectif moral, alors c'est là qu'il résidera, s'ils sont dans un objet extérieur, alors c'est là qu'il résidera. *Par conséquent, si je suis là où mon objectif moral se trouve, alors, et seulement alors, serai-je l'ami, le fils et le père que je dois être* car c'est seulement à partir de ce moment-là qu'il sera dans mon intérêt d'entretenir ma bonne foi, le respect de moi-même, ma tolérance, ma coopération et mes relations avec autrui. » *Entretiens*, 2.22.

Paradoxalement, c'est uniquement en valorisant le « bien » plus que toute autre chose que l'on peut devenir le meilleur père, le meilleur ami ou la meilleure fille. C'est seulement alors que conserver son intégrité et sa bonne volonté envers ses amis et sa famille devient un intérêt personnel, ce qui permet à notre nature sociale de s'épanouir dans les meilleures conditions possible. La conception stoïcienne de la vertu elle-même est donc fondamentalement sociale.

Pour conclure, certains spécialistes tels que Mary Midgley, considèrent que l'émergence de la moralité elle-même provient de « l'instinct social » des êtres humains. Il semblerait que les stoïciens soient parmi les premiers, voire *les*premiers, à développer un système d'éthique global et universaliste reposant sur cet instinct. Cet aspect est l'un des plus notables de la pensée stoïcienne et ne perd jamais de sa pertinence. Pour finir, je citerai l'une des plus célèbres remarques de Marc Aurèle au sujet du cosmopolitisme stoïcien. Comme je l'ai mentionné au début de ce chapitre, que l'on soit ou non d'accord avec l'idée que nous sommes tous naturellement et fondamentalement des êtres sociaux, ce passage nous oblige à considérer certaines des questions les plus essentielles qui soient : *que signifie être « humain » et que peut-on considérer comme étant « bon » pour l'Homme ?*

« Lorsque le jour vient et que vous éprouvez de la réticence à vous lever, ayez cettepensée à l'esprit : "Je me lève pour accomplir la tâche de l'être humain." ».

Pourquoi être réticent si je me lève afin d'accomplir ce pourquoi je suis né, ce pourquoi je suis venu au monde ? Aurais-je été mis au monde pour rester sous des couvertures chaudes et confortables ? "C'est là quelque chose de plaisant !" Mais es-tu né pour le plaisir ? Regarde les choses sous cet angle : es-tu né pour être passif ou pour devenir un homme d'action ? Ne peux-tu voir que même les arbustes, les oiseaux, les fourmis, les araignées et les abeilles apportent tous leur contribution et leur coopération au bon fonctionnement de l'univers ? Alors pourquoi ne pas apporter ta propre contribution et jouer ton rôle d'être humain ? » *Pensées pour moi-même*, 5.1.

Références

M. Midgley, *TheOrigins of Ethics*issue de *A Companion to Ethics* par P. Singer, éditons Wiley-Blackwell, 1993.

Les stoïciens ne sont pas des êtres insensibles !

Donald Robertson

L'idée erronée selon laquelle les stoïciens seraient aussi insensibles que des robots ou que Monsieur Spock, le célèbre vulcain de Star Trek, est très répandue de nos jours ; elle ne l'était pourtant pas autant dans l'Antiquité (voir le chapitre « Le stoïcisme et Star Trek » par Jen Farren, partie VIII). En revanche, d'autres philosophies ont soufferts de cette moquerie. Par exemple, on disait de Pyrrhon d'Élis, le fondateur du scepticisme grec, qu'il était apathique, au sens d'indifférent face au reste du monde. On disait que ses disciples devaient le suivre continuellement pour l'empêcher de tomber du haut d'une falaise ou de se faire renverser par un chariot tiré par des chevaux. Cependant, une telle plaisanterie ne fut jamais proférée à l'encontre des stoïciens, qui étaient connus pour leur profond engagement dans la politique et envers leurs familles. De même, les épicuriens dédièrent leur vie à rechercher la quiétude, à éviter toute peine ; ils ne considéraient pas le rapport aux autres êtres humains comme une valeur propre à l'Homme. Cela les a souvent conduit à se retirer de leur vie politique ou familiale, jusqu'à vivre dans un certain isolement. Au contraire, les stoïciens, pour qui la tranquillité n'est bénéfique que si elle accompagne la sagesse et la justice, considéraient que le rapport à autrui faisait naturellement et fondamentalement partie du sens de la vie, ce qui implique de vivre en accord avec la raison, la nature de l'univers et l'humanité. En réalité, le texte fondateur du stoïcisme, *République* de Zénon de Cition, était axé sur le rêve qu'avait l'auteur d'une société stoïcienne idéale peuplée d'amis ouverts et bienveillants, vivant en harmonie sous la protection d'Éros, Dieu de l'amour.

Pour Épictète, c'est le concept stoïcien de « l'action appropriée » dans nos relations familiales et civiques ainsi que l'accent sur un comportement juste et philanthropique qui a mis fin à l'idée selon laquelle les stoïciens étaient distants et insensibles (*Entretiens*, 3.2). Selon les stoïciens, nous sommes des êtres fondamentalement rationnels et sociaux qui ressentons une « affection naturelle » pour nos proches, affection qui s'étend naturellement au reste de l'humanité, formant ainsi les bases d'une attitude parfois appelée « philanthropie » stoïcienne. Cependant, en accordant de la valeur à autrui, même de manière détachée, les stoïciens s'ouvrent à une grande diversité de réactions émotionnelles naturelles, y compris la détresse lorsque l'objet estimé se voit menacé. Selon les stoïciens de l'Antiquité, même le sage le plus accompli ressent une affection voire un amour naturel pour les autres êtres humains et il n'est pas entièrement insensible aux autres sentiments qui résultent naturellement de ces relations affectives. Marc Aurèle aimait indéniablement son fils Commode, célèbre pour sa malhonnêteté, bien qu'il ait eu conscience de ne pas être en mesure de remédier à la folie et à la malveillance de son héritier.

En effet, Marc Aurèle suit l'exemple de son propre professeur, Sextus de Chéronée, lorsqu'il décrit le caractère idéal d'un stoïcien comme étant « rempli d'amour mais vide de passion ». Selon Marc Aurèle, Sextus faisait preuve d'une grande « affection naturelle », ou « affection familiale », à la manière d'un parent qui aime son enfant. Mais les stoïciens n'en sont pas restés là, ils ont également cherché à imiter Zeus, père de l'humanité, en étendant leur affection naturelle à l'ensemble des hommes. Ils atténuèrent ainsi leurs émotions pour les empêcher de se transformer en un engouement pour un quelconque individu ou en une « passion » irrationnelle semblable à celles qu'ils fuyaient. Ainsi, la pensée stoïcienne s'axe sur l'*apatheia*, c'est-à-dire, dans le stoïcisme, l'absence de « passions » irrationnelles, malsaines et excessives. Comme nous le verrons plus loin, les stoïciens ont souligné à plusieurs reprises qu'ils ne voyaient pas là de « l'apathie » dans le sens d'une absence totale de sentiment à l'égard d'autrui.

Intéressons-nous à ce que les stoïciens eux-mêmes disent de l'*apatheia*. Après avoir expliqué la théorie stoïcienne portant sur les passions irrationnelles, Diogène Laërce a écrit à propos des fondateurs du stoïcisme, probablement à propos de Zénon de Cition et Chrysippe de Soles en particulier :

> « Ils disent que l'homme sage est également dépourvu de passion (*apathê*) car il ne leur est pas vulnérable. Mais c'est dans un tout autre sens que l'on dit de l'homme mauvais qu'il est "dépourvu de passion" ; il est considéré comme "sans-cœur" et "insensible".» *Vies, doctrines et sentences des philosophesillustres, 7.117.*

Les propos d'Épictète sont similaires ; selon lui, les stoïciens ne devaient pas être dépourvus de toute passion (*apathê*) au point d'être « aussi insensibles que des statues », ils devaient plutôt se consacrer à accomplir des « actions appropriées » et à entretenir les relations naturelles et existantes en tant que citoyens et membres d'une famille (*Entretiens*, 3.2.). De plus, Cicéron reporte les propos du stoïcien Caius Laelius qui affirme qu'essayer d'éliminer toute forme de sympathie serait une grande erreur puisque les animaux eux-mêmes éprouvent une affection naturelle pour leur descendance. Celle-ci serait commune à l'ensemble du monde animal et les stoïciens y voyaient également le fondement de l'amour et de l'amitié humaine (Laelius, *sur l'amitié*, 13). Selon lui, éliminer toute affection naturelle entre amis contribuerait non seulement à nous déshumaniser, mais nous rendrait aussi inférieurs aux animaux et nous rabaisserait au niveau de troncs d'arbres ou de pierres.

De la même façon, Sénèque soutenait que le courage et l'autodiscipline semblent exiger des sages stoïciens qu'ils *vivent des expériences* qui leur feraient éprouver des sentiments tels que la peur ou le désir, faute de quoi ils n'auraient aucune émotion à surmonter. Être courageux ne signifie pas n'éprouver aucune peur mais agir avec courage *malgré* cette angoisse. Un homme doué d'une grande autodiscipline ou retenue n'est pas quelqu'un qui n'éprouve pas le moindre désir mais bien quelqu'un capable de surmonter ses envies en s'abstenant d'agir en fonction d'elles. Sénèque écrit :

> « Il existe des malheurs qui s'abattent sur le sage, bien entendu sans le rendre impuissant, comme la douleur

> physique, l'infirmité, la perte d'un ami ou d'un enfant, ou encore les désastres qui frappent son pays lorsque celui-ci se voit dévasté par la guerre. J'admets qu'il est sensible à ces épreuves car nous ne lui attribuons pas l'insensibilité de la roche ou du fer. Supporter ce que l'on ne ressent pas ne fait preuve d'aucun evertu. » *De la constance du sage*, 10.4.

L'idéal stoïcien n'implique pas une absence complète de passion (*apathê*) dans le sens d'être « apathique », « sans-cœur », « insensible » ou « semblable à une statue » de pierre ou de fer. Il s'agit plutôt de ressentir une affection naturelle pour nous-même, pour nos proches et pour tout autre être humain ; il s'agit de vivre en accord avec la nature, ce qui mène possiblement à des réactions émotionnelles face à la perte ou la frustration. Par ailleurs, Sénèque explique que si les épicuriens définissent l'*apatheia* comme un « esprit immunisé contre les sentiments », ce « manque d'émotion » est à l'opposé de ce qui est soutenu par les stoïciens (*Lettres à Lucilius*, 9) : « C'est en cela que réside la différence entre les épicuriens et nous, stoïciens ; notre sage surmonte toutes les peines bien qu'il éprouve chacune d'entre elle, leur sage ne les ressent mêmepas. »

La vertu du sage consiste à pouvoir supporter des émotions douloureuses et à les surmonter avec magnanimité, tout en continuant à entretenir des relations et à interagir avec le monde.

Des thématiques similaires sont étudiées plus en détails dans *Stoicism and The Art of Happiness : Teach Yourself* par Donald Robertson, publié chez Hodder & Stoughton en 2013.

Des motivations du stoïcien

Michel Daw

En tant qu'êtres humains, certains besoins élémentaires sont nécessaires à notre fonctionnement. Nous pouvons parler de comportement « rationnel » tant que nous voudrons, c'est en réalité d'un corps fonctionnel dont nous avons besoin pour pouvoir penser clairement. Selon Abraham Maslow, le psychologue américain, il est essentiel de satisfaire nos nécessités matérielles et sociales, ainsi qu'à quelques autres besoins importants comme celui de la sécurité, avant même de pouvoir entreprendre une soi-disant « réalisation de soi » à travers un esprit rationnel.

Néanmoins, une fois ces besoins satisfaits, quelles sont les motivations du stoïciens ? Plusieurs éléments sont à prendre en compte.

Le premier, bien entendu, est la Vertu. Il est important de garder à l'esprit que la vertu n'est pas simplement quelque chose que l'on *possède*, elle implique une *action*. Pour avoir de la vertu, il est nécessaire d'*être* vertueux ; il nous faut être courageux face aux épreuves, il nous faut être justes dans la répartition des biens et des droits, il nous faut être modérés dans nos transactions commedans nos acquisitions et, par-dessus tout, il nous faut faire preuve de sagesse dans le choix nos actions.

Deuxièmement, il est essentiel de garder à l'esprit que ce que les stoïciens qualifient « d'insignifiants » sont en réalités des éléments qui ne dispose fondamentalement d'aucune valeur morale. Cependant, leur valeur est de nature différente. Les aliments et les vêtements de qualité, un abri et la sécurité sont autant d'éléments qui présentent une grande valeur *matérielle*. Les relations amoureuses et amicales, l'art et la musique sont des éléments de grande valeur *émotionnelle*. Les livres, l'éducation et la conversation sont des éléments de grande valeur *intellectuelle*. Bien que la vertu soit la seule chose que je contrôle réellement, il est important que je recherche et que j'utilise tous ces autres éléments de manière vertueuse.

Troisièmement, bien qu'il soit essentiel de garder à l'esprit qu'entant stoïcien, je ne contrôle que mes propres actions, il ne me faut pas non plus oublier que je fais partie d'une famille, d'une communauté et d'un pays. Je suis humain et par conséquent, toute idée d'individualité n'est qu'illusion. La nourriture que nous mangeons, les vêtements que nous portons et jusqu'à la langue que nous parlons et qui définit notre cadre de pensée sont un héritage de la culture et de l'espèce que j'ai le devoir de soutenir en retour. Cette idée est exprimée dans les « cercles concentriques » de Hiérocles : le centre représente l'esprit, le cercle suivant représente la famille proche, le suivant les frères et sœurs, le suivant les oncles et tantes, et ce jusqu'à représenter la commune, le pays et enfin la race humaine toute entière, l'objectif étant de « réduirel'espace » entre chacun de ces « cercles ».

Quelle est alors la clé de notre motivation ? Se souvenir de ces trois éléments, tout simplement. Nous ne devons pas uniquement nous préoccuper de nous-même mais plutôt nous assurer que nous éprouvons la même préoccupation à l'égard de ceux placés sous notre responsabilité et dépendants de nous. Un tel comportement doit être adopté à l'égard de chacun d'entre nous. Nous ne pouvons pas nous dire stoïciens sans faire preuve de justesse, de courage, de modération et de sagesse, ce qui est impossible si nous demeurons insensibles alors que nos frères et sœurs sont incapables d'atteindre l'objectif de rationalité soi-disant ambitieux dont nous rêvons pour nous-même.

J'ai conscience que c'est là une vision peu populaire parmi ceux qui voient le stoïcisme comme un moyen de justifier leur isolation du reste de l'humanité ou pire, du rejet de leur propre vie émotionnelle. Néanmoins, le stoïcisme implique la Joie, la Sérénité, un Sens et un Objectif. Il implique de devenir un membre utile et important de la société.

En un mot, être stoïcien signifie devenir un bon être humain et faire partie d'une race dotée d'un grand potentiel.

PARTIE II

MODERNISER LE STOÏCISME

Quel stoïcisme ?

John Sellars

La finalité du projet *Vivre le Stoïcisme Aujourd'hui* est de mettre en évidence la manière dont le stoïcisme ancien pourrait servir de guide quotidien aux individus ou a mener une réponse thérapeutique à des problèmes spécifiques. Certains détracteurs pourraient contester la fidélité du stoïcisme présenté ici aux préceptes de la philosophie hellénistique fondée par Zénon de Cition et approfondie, entre autre, par Chrysippe de Soles (voir par exemple la critique de l'œuvre de Nussbaum par Williams (LRB 16/20 (20 oct. 1994), 25-6) et celle d'Irvine par Warren (Polis 26/1 (2009), 176-9)). Comme le fait très justement remarquer Williams, quel peut être l'intérêt d'appliquer la théorie logique de Chrysippe de Soles pour apprendre à bien vivre ?

Ce projet, en revanche, s'est essentiellement inspiré d'une étude de Marc Aurèle et des œuvres de Sénèque, Musonius Rufus et Épictète, stoïciens du Bas-Empire Romain. Ce choix ne s'explique pas seulement par le fait que leurs travaux subsistent encore aujourd'hui, contrairement à ceux des premiers stoïciens d'Athènes, il reflète également l'attention que ces stoïciens dédiaient à ce que l'on pourrait nommer « la pratique stoïcienne ». Ils proposent une grande diversité de conseils pratiques pensés dans le but de contribuer à l'entretien de la sérénité, ce que Zénon de Cition appelait « un courant de vie prospère ». Il est difficile de savoir dans quelle mesure de telles pratiques étaient représentées dans les premiers écrits stoïciens : nous savons que ces stoïciens rédigeaient des ouvrages traitant de la préparation psychologique (*askêsis*), une pratique caractéristique de l'école cynique, qui eut une influence notable sur le stoïcisme ancien. Les preuves sont cependant trop minces pour que nous acceptions ces faits avec certitude.

Il est possible que l'intérêt porté aux exercices pratiques, ce que Pierre Hadot appelait « exercices spirituels », n'ait été que peu présent dans les travaux des premiers stoïciens. Il est également concevable que Sénèque ait été influencé par la pensée de Pythagore qui lui avait été présentée par Quintus Sextius, un philosophe stoïcien romain. Cette hypothèse confirmerait qu'il existe une nette différence entre le stoïcisme hellénistique et le stoïcisme romain qui lui succéda, bien que dans mon livre *Stoicism* (2006), j'ai sciemment cherché à minimiser cette séparation en traitant la tradition stoïcienne antique comme un tout. Cependant, même de ce point de vue, les stoïciens romains n'enétaient pas moins stoïciens ; ils s'identifièrent eux-mêmes comme tels et furent ainsi qualifiés dans l'Antiquité. Si l'on considère la pratique de ces exercices comme une innovation, les stoïciens romains n'en sont pas moins de fervents adeptes des traditions stoïciennes. La philosophie que le projet *Vivre le Stoïcisme Aujourd'hui* présente puise ses idées dans le stoïcisme romain.

Cela dit, il se peut que cette différence ne soit pas aussi stricte que certains semblent le penser. Comme je l'ai fait remarquer, il est difficile de s'en assurer étant donné que nous ne possédons que des preuves incomplètes des écrits des premiers stoïciens. Il a cependant été prouvé que les cyniques pratiquaient ce genre d'exercices et de récentes recherches ont souligné l'influence de cette école sur l'ensemble des stoïciens de l'Antiquité (voir par exemple Goulet-Cazé, *Les Kynica du stoïcisme*, 2003). Bien que cela ne soit pas vérifiable, il est vraisemblable de penser que les premiers stoïciens pratiquaient ces exercices étant donné que leurs précepteurs cyniques et les stoïciens romains les pratiquaient également.

Néanmoins, le projet *Vivre le Stoïcisme Aujourd'hui* s'appuie principalement sur les travaux que l'on connaît des stoïciens romains qui exposent une grande diversité d'exercices élaborés dans le but d'entretenir le bien-être. Ce projet aurait pu se dénommer *Vivre le Stoïcisme Romain Aujourd'hui*, bien que le titre choisi ne puisse en aucun cas induire en erreur.

L'on pourrait également se demander s'il est légitime de qualifier ces exercices de « stoïciens » s'ils se distinguent des autres pratiques de cette philosophie. Ces exercices sont-ils essentiellement ou accidentellement stoïciens au point que les stoïciens romains les aient finalement utilisés ? De mon point de vue, ces exercices peuvent uniquement être considérés comme philosophiques lorsqu'ils s'appliquent dans le cadre de certaines pratiques fondamentales de la philosophie stoïcienne (comme leur théorie relative aux valeurs, principalement, et leur déterminisme, probablement). Cependant, l'un des aspects les plus marquants étudiés par les stoïciens romains, par Épictète dans une certaine mesure, et par Marc Aurèle, indubitablement, est la notion que ces exercices puissent profiter aux individus bien qu'ils ne soient pas complètement dévoués à l'ensemble des doctrines du stoïcisme. Épictète considère qu'un novice en la matière peut tirer profit de ces exercices avant même d'avoir étudié l'ensemble de ces doctrines. À son tour, Marc Aurèle rapporte que l'étudiant averti peut rechercher le bien-être bien qu'il ne soit pas certain que la nature soit régie par la providence ou simplement chaotique.

En définitive, les stoïciens romains offrent un modèle utile pour commencer à se familiariser avec les pratiques du stoïcisme aux individus qui ne leurs seraient pas entièrement dévoués. On pourrait penser qu'un individu ne peut être considéré comme stoïcien s'il n'adhère qu'à certaines de ces pratiques, ce qui ce conçoit : l'objectif du projet n'est pas de fonder une nouvelle secte de stoïciens dogmatiques mais simplement de puiser dans les pratiques du stoïcisme afin qu'elles puissent aider les individus au quotidien.

Références

Goulet-Cazé, M-O., *Les Kynica du stoïcisme*, Franz Steiner Verlag, 2003.

Hadot, P., *Philosophy as a Way of Life*. Blackwell, 1995.

Sellars, J., *Stoicism*. University of California Press, 2006.

Warren, J., *Critique de l'oeuvre de William B. Irvine, A Guide to the Good Life*, Polis 26/1 (2009), 176-79.

Williams, B., 'Do Not Disturb', *London Review of Books* 16/20 (20 oct. 1994), 25-26.

Approche moderne et simplifiée du stoïcisme

Donald Robertson

Sera présenté dans cet article un ensemble simplifié de pratiques psychologiques stoïciennes pouvant à la fois être considéré comme une « routine philosophique quotidienne » et comme une brève introduction aux principes de vie stoïciens. Tandis que Chrysippe de Soles, troisième figure emblématique de l'école stoïcienne, développe les idées de ce courant philosophique par de complexes arguments dans plus de sept-cent ouvrages, Zénon de Cition, fondateur du stoïcisme, présente ses doctrines de manière succincte et sous forme de maximes laconiques, ce qui lui apportera sa notoriété. Cet article vise à proposer une version concise du stoïcisme tout en gardant à l'esprit qu'en amont se trouve, bien entendu, une philosophie sophistiquée.

Sénèque et Épictète mentionnent tous deux les Vers Dorés de Pythagore, un ouvrage proposant une structure adéquate au développement de la routine quotidienne et offrant des exercices introspectifs à pratiquer matin et soir. L'une des idées fondamentales du stoïcisme, qui a façonné ces exercices et qui représente l'essence de la philosophie d'Épictète, soutient que : « le savoir (relatif à la philosophie stoïcienne) correspond à la prise de conscience de ce qui nous revient de droit et de ce qui ne nous appartient pas » (Entretiens, 4.5.7). Le résultat de cette distinction est, sur le fond, très clair : « Quelles actions devraient alors être engagées ? Tirer le meilleur de ce qui est en notre pouvoir et accepter le reste telqu'il se présente à nous. » (Entretiens, 1.1.17).

La routine suivante a été développée afin de présenter une introduction aux pratiques stoïciennes du vingt-et-unième siècle, ce qui pourrait naturellement sensibiliser les individus à considérer cette philosophie comme une manière de vivre. Les consignes ont été formulées de manière aussi précise que possible tout en restant raisonnablement fidèles au stoïcisme classique.

Introduction à la routine philosophique

Première étape : la préparation matinale

Planifiez votre journée selon la « clause de réserve » stoïcienne : déterminez par avance les objectifs à atteindre et prenez la décision de les accomplir tout en émettant une réserve, « la contrainte du destin ». En d'autres termes, il vous faut adopter la volonté sincère de réussir tout en étant prêt à accepter les imprévus et les échecs avec sang-froid dans la mesure où ils échappent à votre contrôle. Tâchez de déterminer judicieusement des objectifs rationnels et favorables à votre développement. L'objectif principal à atteindre tout au long de ces trois étapes devrait être celui d'agir en faveur de votre bien-être essentiel ainsi que de le protéger, notamment en termes de nature et de capacité à interpréter clairement votre vie. Il est possible d'y parvenir en développant la conscience de soi et la sagesse pratique, ce qui nécessite d'établir des objectifs qui vous sont personnellement favorables tout en les accomplissant de manière détachée, sans accorder particulièrement d'importance au résultat.

Deuxième étape : la pleine conscience (prosoche) stoïcienne au fil du jour

Tout au long de la journée, prêtez attention à la façon dont vous portez vos jugements de valeur et dont vous réagissez à vos pensées. Soyez notamment conscients de la façon dont vous appréhendez les émotions fortes et désirs profonds. Lorsqu'il vous faut faire face à une pensée bouleversante ou problématique, arrêtez-vous un instant et dîtes-vous que cela n'est « qu'une pensée et non pas la réalité de ce qu'elle affirme représenter ». Souvenez-vous que ce qui trouble les hommes, ce ne sont pas les choses elles-mêmes mais le jugement qu'ils en ont. Le cas échéant, tâchez de ne pas vous laisser guider par votre première impression et de ne pas directement réagir à ces pensées mais plutôt de patienter au moins une heure afin d'avoir le recul nécessaire pour les aborder de façon plus sereine et objective avant d'agir.

Une fois que vous aurez atteint un état supérieur de conscience de soi et que vous aurez acquis la capacité à prendre du recul, vous pourrez appliquer une norme d'évaluation à vos pensées et à vos impressions : au moment d'analyser vos pensées, demandez-vous si elles portent sur quelque chose qui est en votre contrôle ou non. Cette réflexion est connue en tant que précepte ou stratégie générale de la pratique stoïcienne antique. Si vous remarquez que vos sentiments concernent ce qui ne figure pas dans votre zone de contrôle, tentez alors d'y faire face en l'acceptant : « Cela ne m'affecte pas ». Concentrez plutôt votre attention sur ce qui appartient à votre zone de contrôle et agissez avec sagesse et du mieux que vous pouvez sans prendre en compte le résultat. En d'autres termes, veillez à appliquer la clause de réserve précédemment expliquée en toutes circonstances et adoptez des méthodes qui vous permettront de ne pas l'oublier. Par exemple, la Prière de la Sérénité est une version célèbre de cette idée qu'il serait bon de mémoriser ou de prendre en note afin de la méditer chaque jour :

> « Mon Dieu donne-moi la sérénité d'accepter Ce que je ne peux changer, Et le Courage de changer les choses que je peux, Et la Sagesse d'en connaître la différence ».

Troisième étape: le compte-rendu du soir

Passez votre journée en revue, si possible à trois reprises, avant de vous coucher. Concentrez-vous sur les points importants et sur leur chronologie (par exemple : l'ordre selon lequel vous avez entrepris différentes tâches ou interagi avec autrui). Voici quelques questions que vous pourriez vous poser :

Qu'ai-je fait en faveur de mon bien-être essentiel ? Quels sont été les points forts ?

Qu'ai-je fait à l'encontre de mon bien-être essentiel ? Quels sont été les points faibles ?

Quelles opportunités pouvant favoriser mon bien-être essentiel ai-je manquées ? Quelles circonstances ai-je délaissées ?

Suivez les conseils que vous donneriez à vos proches. Que pouvez-vous retenir de cette journée et, le cas échéant, comment pouvez-vous vous améliorer à l'avenir ? Félicitez-vous de vos réussites et autorisez-vous à en tirer de la satisfaction. Il vous sera sans doute aussi utile de vous attribuer une note subjective (sur une échelle allant de 0 à 10) afin de mesurer la régularité avec laquelle vous suivez ces étapes ou votre capacité à poursuivre des objectifs rationnels et favorables à votre développement tout en restant détaché de ce qui n'est pas sous votre contrôle. Cependant, veillez à être concis lors de votre évaluation et à parvenir à des conclusions sans excessivement ressasser les événements de la journée.

Ce que les stoïciens peuvent nous apporter

Antonia Macaro

De nos jours, le stoïcisme rassemble de nombreux adeptes. Les livres de philosophie populaires mis à part, les idées de ce courant philosophique apparaissent souvent dans diverses publications traditionnelles telles que The Guardian, Prospect, Psychologies, et, bien évidemment, ThePhilosophers' Magazine. Cela est peu surprenant si l'on considère que les œuvres des stoïciens romains (Sénèque, Épictète et Marc Aurèle) proposent une grande variété de conseils pertinents quant à la manière de vivre. Loin des idées abstraites de certaines philosophies morales qui n'offrent généralement que peu d'aide quant à la manière de mener une vie prospère, les auteurs stoïciens écrivaient à propos de faits quotidiens, ce qui leur permit de susciter un intérêt durable chez certaines personnes.

Ceci étant, en vous plongeant dans la littérature stoïcienne, vous découvriez certains conseils abjects, voir choquants. Dans l'œuvre d'Épictète, on trouve par exemple l'exhortation suivante : « Si vous embrassez votre enfant ou votre femme, ayez conscience que ce sont des êtres humains ; vous ne serez alors pas troublés si l'un d'entre eux venait à mourir » (*Manuel*, Chapitre III). Marc Aurèle, quant à lui, affirme que l'acte sexuel devrait être considéré comme « quelque chose frottant le pénis, une brève éjaculation et un nuage de liquide trouble » (*Pensées pour moi-même*, 6.13). En ce sens, le stoïcisme est-il réellement une philosophie porteuse d'un message de vie et pouvant concrètement nous aider au quotidien du monde moderne ? Représente-t-il plutôt une perspective drastique et radicale, certes intrigante, mais trop distante et exigeante pour guider notre comportement au quotidien ? La réponse se trouverait-elle au centre de ces deux visions ?

Le stoïcisme est une philosophie complexe. L'éthique faisait partie intégrante d'un réseau étroitement interconnecté qui comprenait également la logique et ce que l'on considérait à l'époque comme le domaine de la physique (que l'on appellerait aujourd'hui la métaphysique). John Sellars, philosophe et maître de conférence certifié, auteur de *The Art of Living*, explique lors d'un entretien que la physique stoïcienne intègre l'idée d'un « esprit rationnel divin présent dans l'ensemble de la nature (l'âme du monde) dont chaque âme est un fragment. De nombreuses théories stoïcienne sconcernant la façon dont un individu devrait réagir face au destin, et particulièrement face à la mal chance, se basent sur l'idée que ce procédé dépend de la providence divine ».

Ces idées métaphysiques ne viennent pas sans conséquences éthiques : nos corps et nos biens sont peu pertinents mais notre capacité de choix rationnels reçoit une part de rationalité divine ; c'est là ce qui sépare l'Homme du reste des êtres vivants et l'unique facteur auquel donner une importance absolue. Dans les termes stricts d'Épictète, « Les choix et les actions qui en découlent sont en notre pouvoir, à l'inverse du corps, de chacune de ses parties, de la propriété, des parents, des frères et sœurs, des enfants, de l'état, et, en résumé, de tout ce à quoi nous nous associons. Quelle place devrions-nous accorder au bien ? À quoi devrions-nous l'associer ? À ce qui est en notre pouvoir ? ».

Si nous désirons mener une vie selon les principes stoïciens, il nous faudrait alors nous concentrer sur la pratique du choix rationnel, l'unique facteur que l'on contrôle réellement, et apprendre à remettre en cause les premières impressions basées sur l'apparence de valeur qui induisent en erreur notre perception. Les émotions et désirs ancrés en nous par ce que l'on estime à tort comme ayant de la valeur sont des perturbations superflues et des entraves à la vie rationnelle : ils devraient alors être éliminés. Nous devrions constamment garder à l'esprit que les événements qui nous touchent mais qui n'entrent pas dans le cadre de nos choix ou de nos actions échappent à notre contrôle ; il nous faut alors suivre le cours de notre destin sans nous plaindre. Selon l'analogie d'Épictète, nous sommes semblables à un chien attaché à un chariot : nous pouvons choisir de le suivre de bon cœur ou de nous débattre et de crier alors qu'il nous traîne derrière lui.

Cependant, il nous serait toujours permis, dans une certaine mesure, de suivre nos tendances naturelles étant donné que les stoïciens ont attribué un degré de valeur à ce qu'ils appellent les « indifférences préférées » (ce que l'on préférerait avoir). Richard Sorabji, professeur émérite de philosophie et auteur, entre autres, de *Emotion and Peace of Mind*, souligne lors d'une discussion que « circule, à partir d'Antipater (IIème siècle av. J-C), la pensée qu'il est du devoir d'un individu de faire tout ce qui est en son pouvoir pour garantir ces objectifs naturels pour soi-même et pour autrui ». Il nous faut avant tout plaider allégeance à la rationalité. Épictète nous rappelle que, de ce fait, « le bien prédomine toute forme de relation. Mon père m'est insignifiant, seul le bien m'importe. - Es-tu si insensible ? – Telle est ma nature, et telle est la pièce que Dieu me m'a donné ». Il n'y a alors rien d'étonnant dans le fait que le sage stoïcien (*sophos*) était, en quelques sortes, un personnage mythique.

Quels problèmes se posent alors dans l'adoption du stoïcisme en tant que philosophie de vie moderne ? Le problème qui se pose entend qu'un grand nombre de ses croyances fondamentales, telles les idées que notre rationalité est un fragment de la providence divine ou que nos émotions sont des incommodités générées par de faux jugements de valeurs, se heurtent à notre connaissance avérée du monde. Par conséquent, il se peut que les conseils reposant sur ces croyances soient mal avisés. De récentes découvertes dans le domaine des neurosciences, par exemple, montrent que les émotions, loin d'entraver la raison, en sont une partie intégrante. Nous avons évolué jusqu'à devenir des êtres émotionnels pour une bonne raison : sans elles, il s'avère difficile de suivre le chemin de l'existence. Bien entendu, elles peuvent aussi nous poser problème, comme c'est bien souvent le cas, mais notre réaction ne devrait en aucun cas être de les éradiquer (quand bien même cela eut été possible).

La théorie des valeurs du stoïcisme s'est vue rejetée ouvertement par Martha Nussbaum et Richard Sorabji, deux professeurs éminents dans ce domaine. Alors que je parlais avec ce dernier, il a très vite mentionné « l'aspect inacceptable du stoïcisme », qu'il s'abstient de traiter. Je lui ai demandé s'il était d'accord avec Épictète lorsque ce dernier conseillait de ne pas se laisser bouleverser par le deuil, ce à quoi il me répondit : « Non, il est mieux de se laisser entièrement affecter sans quoi nous passerions notre vie à nous détacher de toutes choses en pensant que l'on « embrasse un mortel». Cela n'est pas sain. Comment peut-on mener une bonne vie si l'on s'isole de nos proches et des êtres qui nous sont chers dans le seul but de ne pas souffrir à un moment donné ? L'équation est insensée ». Il a reconnu que renier cet aspect de la doctrine stoïcienne le rendait aussi vulnérable au deuil que n'importe quel autre individu. « Cependant, les conséquences seraient bien plus graves si j'adhérais à ce concept », a-t-il ajouté.

Les études dans le domaine de la psychologie nous ont également enseigné que la prise de conscience et le contrôle de nos propres comportements, motivations et intentions sont bien plus limités que nous aurions pu l'espérer et que le contexte joue un rôle décisif dans l'influence de nos actions. Il est légitime de penser que nous avons une certaine part de contrôle et que celle-ci puisse s'accroître, mais il serait imprudent de nous convaincre, par exemple, que nous sommes dotés d'une pleine rationalité ou que nous jouissons d'une liberté totale quant à la prise de nos décisions face aux événements. En réalité, notre liberté serait probablement assez restreinte.

Ceci étant, serait-il concevable que, de nos jours, un individu consente pleinement à l'ensemble du système stoïcien ? Eh bien oui, et c'est ce que nous montre le cas du stoïcien Keith Seddon, directeur de la *Stoic Foundation* et auteur de *Stoic Serenity*. Il n'est d'ailleurs pas le seul : il semblerait qu'une communauté stoïcienne florissante existe sur la toile avec des groupes tels que *New Stoa et International Stoic Forum*. Ce que Keith Seddon a découvert dans le stoïcisme paraissait s'apparenter à une expérience mystique qui lui vint à l'âge de dix-neuf ans : « Alors que je regardais les arbres, je fus envahie par ce sentiment de perception de toutes choses et cela me fit réaliser que tout est connecté ». Quand il lut alors ce que les stoïciens avaient à dire sur la « chaîne de cause à effet et sur la façon dont le destin en représente le modèle complexe tout au long de l'Histoire, intégrant toute chose », il put assimiler ces théories à sa propre expérience. En outre, il pensa pouvoir comprendre que « ces connexions elles-mêmes constituaient un ordre rationnel créateur de toute chose».

D'après Keith Seddon, être stoïcien signifie accorder de l'importance à « la façon de réaliser les choses, et non pas au simple fait de les réaliser». Il établit une « distinction entre l'individu en tant qu'agent et la manière dont il effectue ses actions». Il se peut que vos actions soient interrompues mais dans ce cas, l'interruption ne concerne que votre action en train de s'accomplir et non pas vous en tant qu'agent rationnel puisque l'agent rationnel que vous êtes est indépendant des actions que vous entreprenez. Des circonstances externes peuvent causer l'échec de nos projets : « Nous ne contrôlons pas nécessairement les choses. "Espérons que tout ira pour le mieux" est réellementtout ce que l'on pourrait dire. Cependant, cela n'affecte pas notre rôle d'agent, rôle qui se distingue des actions que nous réalisons», explique-t-il. Nous devons alors remplir notre rôle du mieux possible. Le rôle de Keith Seddonfut, en l'occurrence, d'apporter une aide médicale à sa femme handicapée.

Il accepte même la théorie des valeurs :« S'il est possible d'admettre le principe général selon lequel le bien ne réside qu'en la vertu, ou dans un comportement irréprochable ou dans la tentative de se comporter de façon irréprochable, et que le mal ne réside que dans le vice, quel qu'il soit (la malhonnêteté, la méchanceté ou l'égoïsme), alors la mort d'un individu, même s'il m'était proche, ne peut pas me pousser à mal agir ; en ce sens, je suis en sécurité. Un événement est survenu bien que je ne le voulais pas, bien que j'eus préféré qu'il ne survienne pas. La théorie stipule que je ne devrais pas en arriver à dire que cet événement est mauvais en soi ».

Il est peut-être question de mettre l'accent sur certains événements et de se détacher de certains autres (et bien sûr de choisir nos stoïciens). Selon Richard Sorabji, ce n'est plus le sage incapable de faire quoi que ce soit de mal qui attire l'attention des stoïciens romains mais les êtres imparfaits tels que vous et moi. Panétios de Rhodes, par exemple, déclara : « Nous autres stoïciens avons traité de l'apparence de la personne idéale et avons été critiqués puisque celle-ci n'a jamais existé. Considérons alors un individu ordinaire : s'il était doté un tant soit peu d'une bonne moralité, ne serait-ce pas là une bonne chose ? » Comme il l'a été exposé de façon explicite jusqu'à maintenant, si un individu n'est pas pleinement vertueux, il est parfaitement malveillant ». C'est cependant à partir de la fin du II^{ème}siècle av. J-C que l'on aperçoit « de plus en plus d'attention portée à l'idée qu'un individu ait quelque peu développé sa bonne moralité. Cela marque une différence importante puisque le stoïcisme se transforme ainsi en « une philosophie éthique prête à vous donner un coup de main. Quel autre modèle d'éthique peut se targuer d'en faire autant ? » Les lettres de Sénèque en sont un exemple intéressant : elles formulent des questions que la plupart d'entre nous nous sommes posées à un moment ou à un autre.

John Sellars fait remarquer que c'est certainement à partir de l'époque de Marc Aurèle que l'on observe une baisse de la dépendance face à un plan providentiel établit et une attention particulière portée sur l'idée que « nous devrions simplement accepter, par vertu de notre finalité en tant qu'êtres humains, le fait que nous n'ayons pas un contrôle absolu sur ce qui nous entoure et que notre devoir moral est alors de trouver une façon d'appréhender de manière positive les difficultés qui se présentent à nous ». Marc Aurèle souligne sa « position accomplie et limitée dans le monde, [son] manque de pouvoir et de contrôle sur ce qui [l'] entoure et la mesure dans laquelle [il s'est] vu projeté dans une situation indépendamment de [sa] volonté. [Il] doit désormais décider au mieux des actions à entreprendre et de la meilleure façon d'agir en fonction de cette situation et de [lui-même] face à ces circonstances ».

Mais si l'on souhaite profiter de la richesse des conseils du stoïcisme tout en conservant nos connaissances du monde, le plus approprié serait peut-être d'adopter une approche sélective. Cette idée fut soutenue par les stoïciens eux-mêmes, précise Richard Sorabji. Par exemple, « Chrysippe de Soles, le troisième et plus reconnu stoïcien grec » déclara qu'il était « parfaitement disposé à apporter un soutien moral aux individus bien qu'ils ne partagent pas les idées stoïciennes ». C'est également de cette façon que Richard Sorabji applique cette philosophie : « de façon plutôt éclectique ; je choisis ce que je considère utile plutôt que d'adopter la théorie dans son ensemble ».

Cependant, une telle approche est assez délicate. Dans un premier temps, il nous faut décider de ce que l'on considère utile et des éléments qui justifient cette sélection, en particulier si nous avons délaissé les fondements métaphysiques. D'après Richard Sorabji, cela n'est pas si complexe : « Essayez, tout simplement. Vous aurez sûrement besoin d'un peu de temps pour vous y habituer mais il vous faut l'essayer ». La présence de conseils pertinents dans les lettres de Sénèque, par exemple, peut aisément se vérifier à travers leur lecture. « Bien que je n'applique qu'une petite partie des préceptes stoïciens, les effets sont conséquents. Pour ma part, je pense même qu'ils sont exceptionnels ». Effectivement. Mais il peut être difficile de déterminer quels conseils s'approprier et lesquels rejeter à moins d'avoir une certaine conception de ce que signifie mener une vie prospère. Qui ne réfléchit pas consciencieusement à cet aspect risque de mal choisir les conseils à suivre.

Si, par exemple, l'on a choisi de favoriser la paix intérieure au détriment de tout le reste, nous serions probablement tentés d'éviter tout lien émotionnel par peur de souffrir. Comme le remarque Richard Sorabji, il est peu probable que l'on atteigne l'épanouissement de cette façon puisque l'on ne mènerait ainsi qu'une vie pauvre, simplementvouée à éviter la souffrance. Certes, la paixintérieureest une bonne chose, mais elle ne devrait pas se rechercher au détriment d'autres valeurs. En suivant les conseils de la philosophie stoïcienne, il nous faut être au moins conscient des dangers que représente l'application de certaines métaphysiques stoïciennes que nous n'avions pas choisies. À notre connaissance, la psychologie représente la compréhension et la gestion des émotions et non pas leur annihilation.

Cette idée semble pouvoir davantage nous aider à mener une vie prospère.

Un autre risque, qui revient constamment dans les références populaires du stoïcisme, est de tellement réduire l'idée que l'on en perd ou détourne l'esprit. Par exemple, la pensée d'Épictète selon laquelle ce ne sont pas les choses en elles-mêmes qui troublent les hommes mais le jugement qu'ils en ont, est reprise à de nombreuses occasions pour expliquer les fondements de la TCC (Thérapie Cognitivo-Comportementale) et de la TRE (Thérapie Rationnelle-Émotive). Il est vrai que les fondateurs de ces thérapies, respectivement Aaron Beck et Albert Ellis, ont été influencés par les idées stoïciennes. Il existe certainement des points communs entre leurs idées, même si ce n'est que dans les plus basiques comme celle selon laquelle « avoir une réaction émotionnelle à un événement requiert un procédé cognitif », comme l'explique Keith Seddon. John Sellars, quant à lui, commente que les deux thérapies ont un « air de famille » et que, « au final, les problèmes des individus résultent de la façon dont ils appréhendent le monde ainsi que leur propre personne, et s'ils analysaient leurs jugements (ce qui est possible à travers la philosophie ou certaines formes de psychothérapie), ils seraient alors capables de les modifier, transformant ainsi la façon dont ils interagissent avec le monde mais aussi leurs valeurs, leurs émotions, absolument tout ».

Cependant, exagérer ces similitudes pourrait induire en erreur. La TCC et la TRE cherchent à aider les individus à surmonter des émotions perturbatrices à travers la modification de leurs croyances. La finalité est de soulager le désarroi des patients. Comme la plupart des autres psychothérapies modernes, elles n'interviennent pas dans les jugements de valeur des patients. Le stoïcisme, en revanche, avait pour objectif la restructuration de la vision du monde des apprentis stoïciens. Elle fut effectivement conçue comme une forme de thérapie de l'âme, mais comme toute autre forme de thérapie ancienne, elle se qualifie de « didactique et de moraliste ». D'une certaine manière, il s'avère ironique d'avoir recours aux idées du stoïcisme, qui redéfinissent radicalement le concept de vie prospère, au service de la notion conventionnelle du bonheur ou de l'inconnu « sentiment agréable ».

Nonobstant, s'est affirmée l'existence de nombreux conseils pertinents, présentés dans la littérature stoïcienne, pouvant nous assister à rendre notre vie meilleure si l'on agit de façon quelque peu discriminatoire. Alors sur quels concepts les stoïciens sont-ils particulièrement bien placés pour nous aider ?

Selon Richard Sorabji, il en existe trois. « Le premier reprend l'idée de soutien quant au fait de ne pas réagir excessivement face à une quelconque charge émotionnelle. Je veux bien que cela ne représente qu'un des aspects de leurs principes à l'égard des émotions mais ils [les stoïciens antiques] le concevraient, il me semble. Le deuxième s'articule autour de l'idée de la réflexion introspective (qui je suis et quel rôle je veux interpréter lors de mes prises de décisions). Le troisième concerne ce qu'ils énoncent à l'égard de nos faiblesses et de nos idées fixes. Je n'ai trouvé jusque-là aucune morale aussi pertinente, qu'elle soit antique ou moderne. Il n'existe que trois aspects sommaires dans ce domaine, mais tous sont très certainement cruciaux. Leur portée est bien plus conséquente que la proportion qu'ils forment à l'égard de ce que représente le stoïcisme ».

Keith Seddon, en revanche, exprime le fait d' « adhérer à la méthode d'Épictète qui implique une conscience de ce qui nous est à la fois intérieur et extérieur. En ce sens, ce ne sont pas les événements qui importent mais la façon par laquelle je décide de les appréhender. En d'autres termes, nous pouvons affirmer qu'il existe un pouvoir régisseur dictant ce que je possède et la personne que je suis mais ne prenant pas en compte mes projets ; les circonstances et les individus peuvent faire du tort à mes engagements mais ne peuvent pas compromettre ma personne en elle-même, une idée à laquelle nous pouvons adhérer de façon à entretenir une pleine conscience immuable en vue de quelque réalisation qu'elle soit ». De ce fait, lors d'une altercation avec une idée qui, par exemple, vous effraie, vous réagiriez en pensant que telle circonstance n'est pas sous votre contrôle puisque qu'elle vous est extérieure, et vous adopteriez alors un procédé par lequel vous feriez le nécessaire dans le but d'être une bonne personne ; c'est après tout le mieux que vous puissiez accomplir ».

La plupart d'entre nous tirerions probablement un avantage des perspectives stoïciennes par le fait de remettre en question ce qui nous est réellement cher et de penser que les nombreuses choses des quelles nous nous préoccupons au quotidien sont en fait négligeables. Nous pourrions également y parvenir par le fait de prendre l'habitude de méditer sur ses émotions en comprenant qu'il est possible d'avoir un certain degré d'influence en révisant notre façon de penser, et finalement par le fait d'accepter que la plupart de ce à quoi nous nous confrontons se trouve en dehors de notre contrôle.

Le conseil de maintenir l'idée selon laquelle la vie est vulnérable peut s'avérer particulièrement utile. Les stoïciens ont élaborés plusieurs exercices pour parvenir à ces fins ; l'une de leurs principales méthodes consiste à anticiper les problèmes à venir, une pratique intrigante qui diverge de la pensée omniprésente d'être optimiste. Sénèque, par exemple, nous encourage à « envisager toutes les éventualités et à renforcer son propre état d'esprit au moment d'appréhender ce qui pourrait survenir. Gardez-les à l'esprit : exil, torture, guerre, naufrage ». Alors que l'objectif premier est de nous rappeler que ce qui pourrait nous être retiré (toute chose excepté la raison) ne devrait pas nous ébranler, nous pourrions en profiter pour préserver une certaine perspective et pour apprécier nos liens et possessions. Cependant, il faut prendre en compte que cela pourrait nous rendre anxieux et dépressifs, et non pas sereins, si nous ne l'abordons pas avec l'état d'esprit approprié.

Et pourtant, cela ne conduirait probablement pas à une vie prospère d'adopter l'idée que les émotions constituent des inconvénients à éradiquer, ou qu'aucune chose échappant à notre contrôle ne devrait être prisée, ou encore que la rationalité absolue est un objectif abstrait. Richard Sorabji le reconnaît : « Une altération préoccupante survient alors que vous faites un choix, celle qui vous mène à vous dire que vous n'êtes pas stoïcien puis que vous croyez en vos émotions ». « Il est bon d'avoir une compréhension historique par la même occasion », a-t-il ajouté.

Et ceci représente la clé de l'idée. Il est convenable de faire une sélection dans la mesure où l'on remplit également nos devoirs et que l'on interprète attentivement ce que l'on adopte, ce que l'on exclue, et pourquoi. En omettant cette étape et en oubliant le fait qu'adhérer à de trop nombreux principes stoïciens s'avère contre productif, il est probable de rassembler de très mauvais conseils sur la façon de mener sa vie.

Cet article à été publié pour la première fois dans le numéro 49 de *The Philosophers' Magazine*, au second semestre de l'année 2010.

PARTIE III

CONSEILS DE STOÏCIENS

L'acceptation de la mort

Corey Anton

Comme bien d'autres systèmes philosophiques antiques, la tradition stoïcienne ne suggère pas l'existence d'une vie dans l'au-delà et ne cherche pas à nous faire mépriser la mort qui, échappant à notre contrôle, doit être traitée avec indifférence. Elle est considérée comme une partie fondamentale de la vie que la providence divine a jugé approprié de nous imposer. Dans *Entretiens* 2.6, Épictète nous met en garde contre les tentatives de contrôler ce qui n'est pas en notre pouvoir : « … sache que tu condamnes les hommes lorsque tu pries pour qu'ils ne meurent pas, car tu souhaites alors qu'ils ne mûrissent jamais, qu'ils ne soient jamais récoltés. » Dans le chapitre XIV de son *Manuel*, il écrit également : « Il est absurde de souhaiter que tes enfants […] et tes amis vivent éternellement, cela signifie que tu souhaites contrôler ce qui n'est pas en ton pouvoir et posséder ce qui n'est pas tien. » Non seulement la mort échappe à notre contrôle, mais la providence a également jugé que les êtres humains devraient rester ignorants de ce qui existe en dehors de la vie. Il nous faut donc agir en fonction de *ce monde*, accomplir nos obligations avec courage et bonne volonté et accepter notre sort, quel qu'il soit.

La mort est fondamentalement hors de notre contrôle, nous devrions donc lui être indifférents, bien qu'il faille reconnaître que le sage peut apprendre à utiliser l'idée de la mort afin de prendre du recul et de peser ses décisions. Dans le chapitre XXI de son *Manuel*, Épictète nous recommande d'entretenir une certaine proximité avec la mort, ne serait-ce que pour garder le contrôle de nos désirs : « Que la mort, l'exil et tout ce qui semble horrible soient présents à tes yeux jour après jour, et la mort par-dessus tout. Ainsi, jamais tu n'auras de pensées grossières ni de désirs immodérés. » La mort peut aussi être considérée comme un don dans la mesure où nous savons que nous allons mourir, ce qui implique la conscience de ne pas pouvoir différer nos décisions indéfiniment : le moment propice à l'action viendra puis passera. Garder une image de la mort sous les yeux nous rappelle ce que nous pouvons ou ne pouvons pas contrôler. Comme l'écrit Épictète, nous sommes essentiellement « une petite âme qui promène un corps ».

Épictète nous donne également des conseils qui respectent à la fois l'exigence stoïcienne selon laquelle nous ne devrions nous préoccuper que de ce que nous contrôlons et celle qui nous commande de faire preuve de politesse et de bonté. Épictète nous invite à compatir avec celui qui pleure la perte d'un être cher sans pourautant oublier ce qui bouleverse réellement cette personne :

> « Lorsque tu rencontres un homm epleurant l'absence ou la mortd'un enfant ou encore la perte d'un bien, assure-toi de ne pas te laisser influencer par l'impression que ce sont des maux extérieurs à sa personne qui causent sa peine. Souviens-toi de ceci : ce n'est pas l'événement lui-même qui cause sa détresse mais son jugement de l'événement en question. Ainsi, n'hésite pas à compatir avec lui par la parole ou même à te lamenter à sescôtés, mais prends garde à ce que ton être intérieur ne se lamente pas également. » *Manuel*, chapitre XVI.

La mort n'est pas un mal. Elle semble l'être uniquement lorsque nous avons déjà consenti à nous préoccuper de ce qui échappe naturellement à notre contrôle. La mortalité est tout à fait logique, elle est nécessaire pour que la vie soit ce qu'elle est ; et cet ensemble est bénéfique.

Alors qu'il écrit à propos du don qu'est l'existence, Moses Hadas décrit la vision de Sénèque quant à la mort et à son acceptation. Selon lui, lorsque l'on adopte un point de vue pleinement stoïcien, il est possible de considérer comme temporaire non seulement ses biens et ses propriétés, mais aussi son corps, ses yeux et ses mains ainsi que toute chose que l'on chérit et jusqu'à sa propre personnalité. Nous vivrions alors comme si nous n'étions que prêtés à nous-même et que nous étions à tout moment disposés à rendre avec joie ce qui nous a été donné... Quand l'heure viendra de restituer l'acompte qui nous a été fait, nous ne résisterons pas au Destin mais déclareront plutôt : « Je suis reconnaissant pour ce que j'ai eu et ce dont j'ai joui ».

En réalité, la mort ne devient un problème que si nous recherchons ce qui échappe à notre contrôle. Imaginons un enfant gâté qui, de nuit, voit les étoiles briller dans les cieux et qu'il tente de les saisir.

Témoins de la situation, les parents pourraient expliquer à l'enfant que cela est impossible : « Tu ne peux pas toucher les étoiles, en revanche, tu peux les observer. » Nous pouvons imaginer la réaction ingrate de l'enfant : « Je ne veux pas même voir ce que je ne peux posséder ; je préfère encore bannir toutes les étoiles. » De la même façon, il est possible que nous soyons frustrés de pouvoir imaginer ce dont nous ne pourrons jamais faire l'expérience personnellement. Heureusement, une vie après la mort n'est pas nécessaire puisque la vie elle-même est suffisante. Nous n'avons pas besoin de l'éternité. Il est suffisant de simplement l'entrevoir, de partager le *logos* et, ainsi, de pouvoir contempler le cosmos.

Enfin, la mort n'est plus un problème si l'on ne se concentre que sur l'intention morale plutôt que sur le but ultime de chaque chose. L'intention morale permet à chaque acte d'être accompagné d'un sentiment de complétude dès les premiers instants. Comme l'écrit Pierre Hadot : « même si l'acte que nous étions en train d'exécuter est interrompu par la mort, il ne restera pas inachevé puisque c'est justement l'intention morale de laquelle il est inspiré qui l'achève et non pas ce sur quoi il est exercé. » Si nous avons vécu convenablement toute notre vie, alors tout a été bon. Vivre convenablement, c'est donner à chaque jour le sentiment de complétude de l'éternité.

Cet article a été publié par Duquesne University Press et a été adapté de l'ouvrage *Sources of Significance: Wordly Rejuvenation and Neo-Stoic Heroism* (2010) avec l'aimable autorisation de Duquesne University Press.

Gratitude et émerveillement

Mark Garvey

Introduction : chaque essai du blog *Old Answers* de Mark Garvey commence par un court passage « Question-Réponse » dans lequel un philosophe de l'Antiquité répond à la question d'un homme curieux (et généralement contrarié), vivant au XXIème siècle.

Question : « Quand j'étais jeune, tout m'intéressait et le monde m'émerveillait. Mais être adulte m'a usé. Chaque jour qui passe, je me sens un peu plus comme le cynique paradigmatique d'Oscar Wilde : "Un homme qui connaît le prix de chaque chose mais la valeur d'aucune." Ce changement d'attitude est arrivé sans que je m'en rende compte et il ne me plaît pas. Les seules personnes que je connaisse qui ne soient pas désabusées et qui semblent plutôt satisfaites de leur sort sont les croyants, mais la foi de ma jeunesse semble s'être fait la belle. Je suis fatigué de l'aigreur et du cynisme que l'on fait passer pour des rapports sociaux de nos jours, en particulier sur Internet. Comment prendre du recul, changer de point de vue et raviver l'émerveillement dans ma vie ? »

Réponse : « Chaque élément de la Création suffit à démontrer l'existence de la Providence à un esprit humble et reconnaissant. Prenons en exemple des choses simples : la possibilité de produire du lait à partir d'herbe, du fromage à partir de lait et de la laine à partir de peau. Qui a créé et planifié tout cela ? Personne, me dis-tu. Que d'irrévérence, que de bêtise ! » Épictète, *Entretiens*, 1.16.

Épictète soulève ici tant d'idées aujourd'hui démodées (Dieu ou la Providence, l'humilité, la révérence) qu'il est difficile de savoir par où commencer. Son émerveillement face aux origines apparemment miraculeuses du lait, du fromage et de la laine peut facilement dessiner un sourire condescendant, voire même de mépris, sur le visage des laïques modernes. *Quelle naïveté primitive !* Qu'est-ce qu'un tel homme, limité par les connaissances en cosmologie du siècle premier, ignorant de l'évangile matérialiste et scientifique d'aujourd'hui et de l'inexorabilité « aveugle » de la sélection naturelle, pourrait-il bien avoir à offrir à l'homme de l'ère iPhone ?

Il est difficile de parcourir l'œuvre d'Épictète sans remarquer sa croyance en Dieu. Il est également impossible de penser à un sujet de notre culture actuelle qui ait été aussi déformé, dénaturé et incompris que celui-ci. « Dieu ». L'envie inhérente à l'être humain de se débattre avec le mystère ultime de l'existence, a été traitée en long, en large et en travers sur Internet et dans la littérature avec toute la subtilité et l'acuité intellectuelle d'une chamaillerie de vaudeville. À travers ce processus, la force de l'humanité la plus complexe, fertile et culturellement déterminante, riche en traditions pleines de sagesses, en créations artistiques, en pensées éthiques, en connaissances psychologiques et, bien souvent débordant de signes divins, s'est vue réduite à une dispute lassante entre les doctrinaires respectant la théorie au pied de la lettre d'un côté et de l'autre, les anti-théistes, prêts à anéantir l'ennemi. Qualifier cette situation de regrettable est un euphémisme.

Les penchants religieux d'Épictète me conviennent. Cependant, que l'on croie ou non en Dieu, il est important de prendre garde à ne pas perdre de vue l'essentiel lorsque l'on fait le tri entre ces idées antiques. L'Histoire est pleine de philosophies et de systèmes de pensée qui, malgré quelques détails dogmatiques discutables, ont offert sagesse et conseils éthiques aux êtres humains d'ères, de cultures et de QI différents. Si la notion de Dieu vous pose problème, il vous suffit d'apprécier le fait que vous soyez en vie dans un cosmos qui n'a pas été créé par vous mais à travers lequel une multitude d'occasions de trouver joie et émerveillement vous a été donnée en plus de votre part de difficultés et de disputes. Si Épictète, un ancien esclave infirme ayant vécu sous le règne de certains des dirigeants les plus perfides de l'Empire romain, est parvenu à trouver une raison d'adopter un comportement humble et reconnaissant envers l'univers et à voir de la *sagesse* dans ce choix, il est très probable qu'une telle attitude puisse également nous être profitable.

L'humilité est un sujet délicat, ne serait-ce que parce qu'il est impossible de ne pas paraître ridiculement prétentieux lorsque l'on en parle. *Et toi ! Sois humble !* Mais il ne s'agit pas de cela. Nous ne parlons pas ici de l'humilité personnelle, qui peut être trompeuse lorsqu'on la suit aveuglement et se transforme facilement en une auto-humiliation flagrante, semblable à celle de Uriah Heep ; celle-ci est, en réalité, l'opposé de ce qu'elle prétend. Non, ce que nous recherchons est une forme d'humilité plus vaste et plus fondamentale, un éta td'esprit qui comprend notre statut d'être totalement dépendant et qui a parfaitement assimilé l'idée de notre mortalité. Nous ne voyons pas l'humilité comme une négation de soi accablante mais plutôt comme la claire reconnaissance que chaque moment de notre existence ainsi que tout ce que nous sommes et tout ce que nous possédons est un don. Le lien entre mortalité et humilité est naturel et se retrouve jusque dans l'étymologie : le mot *humilité* dérive du latin *humus* qui signifie « sol » ou « terre », ce même sol qui a donné naissance à l'humanité, qui lui procure de quoi subsister et qui, un jour, reprendra possession de nos corps. Il est inutile de se laisser aller à des idées morbides, mais s'efforcer occasionnellement de penser à la contingence et à la brièveté de la vie peut nous amener à adopter une perspective plus humble, capable de nous apaiser et de nous inciter à être plus impliqués dans notre propre vie pour le temps qu'il nous reste.

> « Traverse alors cette courte période qui t'est donnée en accord avec la Nature et embrasse la fin de ton voyage de bonne grâce, comme l'olive tombant de l'arbre une fois arrivée à maturité honore la terre qui lui a donné la vie et l'arbre qui l'afait grandir. » Marc Aurèle, *Pensées pour moi-même*, 4.48.

> « Imagine que tu es mort. Tu as vécu ta vie jusqu'à son terme. À présent, vis le temps qu'il te reste comme il se doit. » Marc Aurèle, *Penséespourmoi-même*, 7.56.

Ainsi, l'humilité, l'acceptation de la vie comme étant un don provisoire, nous mène à la gratitude. L'un des remèdes les plus simples à votre disposition contre une vie désorganisée est, depuis des siècles, d'énumérer les bienfaits dont vous jouissez. S'apercevoir des aspects positifs de la vie peut parfois être difficile ; ils sont souvent cachés derrière les difficultés quotidiennes, les gros titres alarmants et le défi continuel de garder les idées claires. Cependant, quand nous y parvenons, quand les nuages se dissipent suffisamment longtemps pour nous laisser apercevoir objectivement ce pourquoi nous devons être reconnaissants, la gratitude peut devenir un antidote efficace contre les effets destructeurs du cynisme, de la colère, de la tristesse et du nombre croissants de petites déceptions de la vie. Se souvenir que nous vivons dans l'abondance, ce qui est rarement reconnu, peut nous aider à tempérer l'instinct de possession cupide qui semble parfois nous diriger même contre notre gré. Enfin, comme le suggère Épictète, la gratitude peut nous aider à retrouver ce sens perdu de l'émerveillement.

Cette idée ne nous vient pas seulement d'Épictète. La gratitude est une vertu remarquable pour la plupart des stoïciens. Dans son œuvre *Des Bienfaits*, Sénèque écrit : « Celui qui reçoit un bienfait avec gratitude restitue une partie de sa dette. » Le livre premier des *Pensées pour moi-même* de Marc Aurèle est un compte-rendu poignant et chargé de reconnaissance de sa dette envers sa famille, ses amis, ses enseignants, etc. Cicéron, dans son œuvre *Pro Plancio*, parle de la gratitude comme de la plus grande vertu, « mère de toutes les autres. » Si vous êtes semblable au commun des mortels, il vous faudra faire un effort conscient afin de placer la gratitude au premier plan de votre vie. S'il vous arrive régulièrement de prier, méditer ou pratiquer une quelconque forme de réflexion centrée sur l'amélioration de soi, vous pourriez facilement réserver quelques minutes pour vous montrer reconnaissant envers les objets, les personnes et les événements qui vous sont bénéfiques jour après jour. Ce n'est pas difficile et une fois que vous aurez commencé, vous serez surpris par le nombre de bonnes choses qui arrivent dans votre vie en une seule journée ordinaire, ce qui vous encouragera à continuer. En plus de moments précis (la rencontre agréable avec le vendeur du magasin, l'e-mail encourageant de votre ami, la vieille voiture qui a démarré et fonctionné correctement malgré le mauvais temps...), vous pouvez également vous remémorer les circonstances plus générales de votre vie :

- la présence ou le souvenir heureux de vos proches ;
- la possibilité et l'envie que vous avez de relever les défis qui se présentent à vous ;

- le sens que vous trouvez à votre travail ;
- votre bonne santé ;
- votre nature rationnelle et votre esprit, capable d'apprendre ;
- votre capacité à faire le bien ;
- la gentillesse de quelqu'un de qui vous n'en attendiez pas ;
- la nature, son pouvoir, sa beauté et sa diversité infinie, etc.

Vous apprendrez à apprécier cet exercice régulier. Si vous avez l'habitude de tenir un journal, vous pouvez garder une trace écrite de vos réflexions. Vous pouvez même choisir d'imiter Marc Aurèle (voir le livre premier des *Pensées pour moi-même*) et écrire à propos des personnes envers qui vous êtes le plus reconnaissant afin de vous aider à former votre caractère, vous procurer une éducation et vous encourager dans votre développement spirituel et philosophique. En revanche, ne partagez pas ces notes et ces réflexions sur les réseaux sociaux, cela pourrait ressembler à une manière de flatter votre ego et le pouvoir de vos réflexions serait alors affaibli.

Une fois que vous aurez intégré la gratitude à votre état d'esprit, vous commencerez à remarquer son impact sur votre vie quotidienne : plus de patience, l'appréciation des petits plaisirs de la vie et une meilleure résistance face aux moments difficiles... L'humilité et la gratitude peuvent éventuellement mener à la foi en Dieu mais surtout, elles permettent même aux adultes les plus désabusés de retrouver l'émerveillement et l'espoir.

Bonheur à vendre : que dirait Sénèque ?

Laura Inman

En première page d'une rubrique du *New York Times* ce week-end, on pouvait lire un article à propos d'un psychologue qui avait étudié la question du bonheur et écrit un livre démontrant une manière de l'atteindre. L'article ne révélait que très peu ce qu'on pourrait appeler les techniques secrètes de l'auteur pour trouver le bonheur, mais l'une de ses observations prétendait que les locataires étaient plus heureux que les propriétaires. Ceci est peut-être révélateur d'autres découvertes comme, par exemple, le fait que les gens mariés ou ceux vivant dans certaines régions sont plus heureux que les autres. Certaines personnes trouvent sans doute un intérêt à ces observations, tout comme elles en trouvent dans les signes astrologiques. Cependant, comment de telles conclusions pourraient-elles avoir une quelconque valeur ou validité dans la recherche du bonheur ou dans le choix de vie de chacun ? Les locataires et les propriétaires dont il est question étaient-ils si semblables en tout autre point de vue (ou même d'un point de vue général) que c'est *cette* différence que l'on retienne comme la principale raison pour laquelle un groupe est plus heureux que l'autre ? Bien que l'article ne comporte que peu de détails sur la manière d'atteindre le bonheur, peut-être afin de ne pas porter préjudice aux ventes du livre, il mentionnait tout de même « l'adaptation hédoniste », ce qui correspond à l'idée selon laquelle, après avoir vécu une expérience heureuse, nous retournerions à notre état émotionnel « de base » ; il nous faudrait alors un nouvel événement heureux pour élever notre esprit. On ne comprend pas clairement si l'auteur expose cette idée afin de nous prévenir que rechercher la joie pourrait aller à l'encontre d'une vie heureuse. L'article ne faisait aucunement mention d'une technique pour vivre heureux lorsque nous étions face à de véritables épreuves ou échecs, qui sont généralement ce qui mine notre bonheur.

Les stoïciens de l'Antiquité n'auraient jamais pensé que le

bonheur pouvait être acquis par le biais d'un certain nombre d'événements extérieurs en particulier ; ils concevaient la notion de bonheur autrement. D'après eux, un élément clé du bonheur était la *tranquillité*, autrement dit, l'état de modération libre de toute émotion négative. Cette approche semblera certainement peu attrayante à ceux qui recherchent des sensations extrêmes et en ont besoin pour se stimuler, même si une chute émotionnelle douloureuse est inévitable. Ces personnes-là considèrent cette existence pendulaire comme étant la « vraie vie ». Or, plus le temps passe (et j'ai déjà plusieurs années derrière moi), plus j'apprends à accorder de la valeur au calme émotionnel : je l'estime chez les autres, j'aime la sensation qu'il provoque et je m'efforce chaque jour de l'atteindre, bien qu'il ne me vienne pas naturellement. Ce calme, rendu poétique par John Keats dans *Hypérion*, en vaut la peine:

> Supporter la vérité dans toute sa pureté,
> Et envisager toute les circonstances avec tranquillité,
> En cela réside l'apogée de la souveraineté.
> Ne l'oublie jamais !

Pour les stoïciens, la tranquillité ne dépend pas de la location ou de la propriété d'une maison mais plutôt des qualités intrinsèques de chacun. En effet, d'après mon expérience, il dépend de trois idée sclés de la pensée stoïcienne, énoncées plus bas, qui sont fondées sur les réflexions de Sénèque et nous rappellent que le bonheur n'est pas réellement « à vendre ».

La première idée soutient que nous devrions tous *viser l'autonomie intellectuelle*. Il est nécessaire d'être capable de se supporter, d'utiliser notre propre potentiel de pensée rationnelle pour se réconforter soi-même. Comme le disait Arthur à Bédivère à la chute de Camelot dans l'œuvre de Tennyson *Les Idylles du Roi* : « Réconforte-toi, ce réconfort est en moi, l'ancien commandement change, il laisse la place à un nouvel ordre et le destin se réalise de bien des façons. » Ce qui existe en vous est tout aussi important que ce qui existe autour de vous. Lisez, étudiez, exploitez vos talents et prenez conscience que vous pouvez vous contenter de quelques distinctions, voire d'une seule, et même d'aucune.

En observant la vie, on réalise vite que rechercher le bonheur dans les événements extérieurs à soi mène généralement à la peine. Une vie telle que celle-ci s'apparente à un jeu de loterie.

Le deuxième principe important rappelle qu'il est essentiel de *conjuguer nos émotions à la raison*, qui représente l'unique attribut différenciant l'homme de l'animal ; ces derniers ont leurs talents, nous avons le nôtre : la raison. Utilisez la raison plutôt que les émotions et ayez conscience du fait que vos émotions ne sont pas toutes-puissantes, qu'elles ne méritent pas tous les sacrifices et qu'elles ne sont pas déterminantes. De plus, utilisez la raison pour éviter de penser en vain, c'est-à-dire de penser à certains aspects d'une situation sur lesquels vous n'avez aucun contrôle. Au contraire, si vous pensez pouvoir agir, alors faites-le, mais lorsque vous réalisez qu'un événement n'est pas en votre pouvoir, chassez-le de votre esprit ; rien n'est plus inutile que de penser en vain. La raison, née de l'expérience et de la logique, établit que les choses peuvent toujours être pires, ce qui peut arriver à chacun peut vous arriver à vous, vous êtes à la fois reconnaissant pour les moments de paix et prêts à trouver la consolation lorsque vous faites face à une épreuve.

Enfin, il est important que nous *comprenions ce à quoi nous faisons face*. Les épreuves nous assaillent et nous forment, pour le meilleur ou pour le pire. J'ai peu de respect et peu d'affection pour ceux qui n'ont jamais connu l'adversité : comment pourrait-on savoir ce dont ils sont capables, ce qu'ils sont réellement, quand tout leur a toujours été facile ? Nous sommes à la merci du destin et c'est ce dernier qui nous prête tout ce que nous avons ; nos efforts valent la peine d'être faits mais ne changeront rien à cette situation. La raison nous rappelle que c'est là le sort de l'humanité et que nous partageons la peine et la souffrance communes. Lorsqu'une opportunité d'obtenir la tranquillité se présente, saisissez-la, et si vous ne le faites pas, tachez d'y trouver du réconfort. Comme le disait Sénèque : « La vie est un esclavage. L'homme doit alors s'habituer à sa condition, s'en plaindre le moins possible et y saisir toute la valeur qu'il peut y trouver. Aucune situation n'est suffisamment difficile pour qu'un esprit libre de passion ne puisse y trouver consolation ».

Je doute qu'acheter un livre expliquant comment être heureux vous aidera à atteindre cet objectif. Une vie tranquille ne s'obtient pas à l'aide d'une liste d'éléments extérieurs. Il se peut que la tranquillité ne soit jamais complètement acquise mais, comme l'ont enseigné les stoïciens, il est possible de mesurer notre progrès en nous efforçant d'atteindre la tranquillité par le pouvoir de la raison.

Références
Hadas M., The Stoic Philosophy of Seneca: Essays and Letters. W.W. Norton & Company, 1968.

Adoptez un point de vue stoïcien : une technique antique pour le consommateur moderne

Tim Rayner

Marc Aurèle, empereur romain et stoïcien, grandit entouré de splendeur : œuvres d'art et d'architecture, festins somptueux, vins fins, vêtements habilement confectionnés... À son arrivée au pouvoir, il possédait tout ce qu'il pouvait désirer. Cependant, Marc Aurèle était également un philosophe stoïcien, il savait donc que *le changement régit la vie* et que l'on ne devrait jamais trop s'attacher aux choses matérielles ni s'y impliquer avec trop d'entrain. Pour garder son calme dans ce monde d'abondance, il chercha un moyen de transformer la façon dont il voyait ce qu'il désirait, ce qui lui permit de garder ses désirs sous contrôle et de trouver la paix.

L'approche de Marc Aurèle envers les biens de consommation et autres propriétés représente également un guide pratique pour le consommateur moderne qui cherche à surmonter son attirancepour les produits qu'il désire mais dont il n'a pas besoin. Plutôt que de considérer les vêtements, les bijoux, la nourriture et l'art comme des objets de désir, Marc Aurèle nous conseille de les voir comme de simples objets matériels et de juger de leur valeur en conséquence. Il expose sa technique de cette façon :

« Lorsque de la viande ou tout autre aliment est posé devant nous, il nous faut penser : ceci est le cadavre d'un poisson et ceci, le cadavre d'un oiseau ou d'un cochon. De la même façon, ce vin de Falerne n'est qu'un jus de raisin et cette robe pourpre n'est que de la laine de mouton teinte à l'aide du sang de crustacés. De cette manière, nous voyons ce que chaque chose est réellement. C'est ainsi que nous devrions agir tout au long de notre vie : lorsqu'une chose semble avoir de la valeur, il nous faut la mettre à nu, considérer son inutilité et la dépouiller de tout mot qui la glorifie. L'apparence (des choses) corrompt la raison et lorsque nous avons la certitude que les choses auxquelles nous faisons face valent notre peine, c'est alors qu'elles nous trompent le plus. » *Pensées pour moi-même*, 6.13.

La meilleure façon de suivre les conseils donnés par Marc Aurèle dans ce passage est de les mettre en pratique par le biais d'unexercice. C'est cette approche que j'applique aux concepts philosophiques dans mon livre *Life Changing: A Philosophical Guide*. Les quatre premières étapes de cet exercice sont les suivantes :

Première étape - Pensez à un bien que vous convoitez ou avez convoité : une maison onéreuse, une voiture de luxe, un vêtement à la mode ou un bijou raffiné. Écrivez le nom de cet objet sur une feuille de papier. Voici l'objet de votre désir.

Deuxième étape - Posez-vous la question suivante : qu'est-ce qui me parait désirable dans ce bien ? Est-ce son apparence ? Le talent artistique qui l'a formé ? Le statut social auquel les gens l'associent ? Sa fragilité et sa délicatesse ? L'expression pure de pouvoir ? Tachez d'être honnête avec vous-même quant à ce qui vous attire dans ce bien. Notez vos réponses.

Troisième étape – À présent, appliquez la technique de perception matérielle décrite par Marc Aurèle. Observez l'objet de votre désir et essayez de le décrire d'une manière purement matérielle. De quoi est-il fait ? Listez ses composants matériels. Oubliez ce que vous pensez de ces éléments et intéressez-vous à la réalité de ceux-ci. Sont-ils doux, durs, spongieux, rugueux ? Quel son font-ils lorsque vous les grattez ? Sont-ils communs, peut-on les trouver n'importe où, ou sont-ils rares et originaires de contrées lointaines ? Gardez à l'esprit que le travail qui a été effectué pour créer l'objet, bien qu'il soit un processus matériel, ne rentre pas dans la liste des matériaux et doit, par conséquent, être ignoré. Seuls les éléments physiques qui entrent dans la composition de l'objet doivent être pris en compte dans sa description.

Quatrième étape – Nous en arrivons à l'étape clé de la méditation. Essayez de réévaluer l'objet de votre désir en le voyant comme un bien purement matériel. L'objectif est de le dépouiller de tout ce qui vous parait élégant et attirant, de le voir dans toute sa simplicité. Prenez un moment pour méditer à propos de l'objet en question. Posez-vous la question suivante : à la lumière de cette méditation, est-il réellement aussi désirable que vous le pensiez ?

Nous surestimons souvent la valeur des choses. Aveuglés par leur apparence superficielle, nous nous méprenons sur nos sentiments face aux choses en question. Réduire les biens à leurs composants (coton, bois, verre, métal, pierre, plastique, quels qu'ils soient) nous permet de prendre du recul et d'adopter un regard critique sur l'objet de notre désir. Ce faisant, nous parvenons à voir au travers du charme de ces choses et à saisir leur réalité.

Ce procédé n'anéantira pas vos désirs de possessions matérielles mais, avec la pratique, vous parviendrez à leur résister lorsqu'ils deviendront problématiques. La méditation devrait tout du moins vous aidez à comprendre ce qui vous attire réellement dans ce que vous désirez. Bien souvent, ce n'est pas l'objet lui-même que nous désirons mais le statut social qui lui est associé. Parfois, c'est également l'idée que nous nous faisons de la valeur de l'objet qui nous attire, ou pire, l'idée qu'autrui se fait de sa valeur et que nous avons inconsciemment accepté. Dans le cas des ordinateurs ou des smartphones, nous voyons souvent en eux la fonctionnalité et la connectivité que nous recherchons plutôt que le produit de grande qualité en lui-même. Dans le cas des voitures ou des chambres d'hôtel luxueuses, c'est l'accès au transport et à l'hébergement que nous recherchons plutôt que d'avoir un véhicule onéreux dans l'allée ou une suite au Ritz. Ainsi, les stoïciens contemporains sont des consommateurs collaboratifs ; ils utilisent les Zip Car, un service d'autopartage, et Air BnB, un site de location de chambre, d'appartement et de maison.

Pratiquer la technique stoïcienne de Marc Aurèle vous montre le chemin de la réflexion philosophique qui, avec le temps, vous aidera à réduire vos désirs de posséder des biens inutiles. Commencez l'entraînement dès à présent et faites preuve du courage nécessaire au changement de votre manière de penser : c'est l'un des moyens de pratiquer un mode de vie philosophique et d'atteindre la paix intérieure.

PARTIE IV

HISTOIRES DE VIE

Mon expérience du stoïcisme

Helen Rudd

I- 2 décembre 2013.

Au mois de mai 2006, j'ai subi un traumatisme crânien.

Avant mon accident, je ne m'arrêtais jamais : je faisais une séance d'aérobic et trois séances de natation par semaine, je chantais dans un groupe d'opéra et dans une comédie musicale, je faisais du bénévolat dans le théâtre de mon quartier et jouais dans des pièces... J'essayais d'être partout à la fois. J'avais même participé cinq fois au semi-marathon de Hastings. À quarante-trois ans, j'avais été cadre supérieur de Inland Revenue pendant vingt-et-un ans et mon travail consistait entre autres à gérer un centre local de recouvrement des impôts.

Un jour, en 2006, une camionnette m'a percutée de côté alors que je me rendais sur mon lieu de travail. Elle devait rouler à cinquante kilomètres à l'heure et le choc m'a projetée sous une voiture garée le long du trottoir. Je suis restée trois semaines dans le coma avant d'être transférée dans un centre de rééducation, période dont je ne garde aucun souvenir. Bien que désormais je me souvienne de l'année précédant l'accident, la mémoire ne m'est revenue que trois ans après l'accident. Je crois qu'il m'a fallu un moment avant de comprendre réellement ce qu'il m'était arrivé. Mon père a dû m'apprendre à lire et à écrire de nouveau car j'avais également perdu ces facultés. À présent, je vis avec mes séquelles : une légère perte de coordination, une amnésie d'à peu près cinq ans et une mobilité assez réduite. Je n'ai pas besoin de fauteuil roulant et, bien que mon équilibre soit déstabilisé, je peux me promener tant que je me déplace avec ma canne et que quelqu'un m'accompagne. J'ai été déclarée médicalement inapte au travail.

J'ai vécu le plus dur il y a de ça deux ou trois ans : je pense que c'est au moment où j'ai vraiment pris conscience de ce qu'il m'était arrivé. J'étais anéantie au point de ne plus avoir envie de vivre et ai fait deux séjours dans un centre local de traitement en santé mentale. Je restais couchée toute la journée et il m'arrivait de me mettre à hurler. Si j'avais su à l'époque ce qu'il allait m'arriver, je ne l'aurais jamais cru. Je me demandais régulièrement : « Pourquoi moi ? ».

Au début de l'année 2013, j'ai commencé à me sentir mieux psychologiquement, si ce n'est aussi physiquement. Ce sentiment de bien-être a continué à croître en moi et je m'apprête désormais à emménager dans une maison à la campagne. En écoutant Radio 4 un matin, j'ai entendu parler du projet *Vivre le Stoïcisme Aujourd'hui*. J'ai alors réalisé que le stoïcisme est exactement ce que j'utilise au quotidien. J'essaye de profiter au mieux de ce que la vie m'impose, et je me demande désormais : « Pourquoi *pas* moi ? ». J'aide les gens à travers ce que je suis encore capable de faire, par exemple en rédigeant des papiers administratifs, en parlant avec des personnes souffrantes, et ce sans être moralisatrice, sans prétendre pouvoir les aider le cas échéant, ou en invitant des amis à prendre un verre... une aide apportée qui, à son tour, m'est également bénéfique personnellement. J'en arrive à être fière de la façon dont je marche désormais à tel point que je ne peux m'empêcher de sourire, et ce malgré mon manque d'équilibre. Je trouve également que marcher lentement permet d'apprécier d'autant plus les choses, comme par exemple une promenade en automne dans un parc agréable, avec tous ces arbres rayonnants aux couleurs dorées et avec toutes ces perles de rosée sur l'herbe. J'ai même obtenu un module universitaire de psychologie à distance et je prévois de suivre une formation plus complète à partir d'octobre.

L'accident m'a offert une vie bien plus riche que celle que je vivais auparavant. J'ai beaucoup appris sur le monde et je suis devenue amie avec des gens que je n'aurais jamais rencontrés auparavant. À présent, lorsque je vois des gens courir, je me réjouie d'être dispensée de ce genre de choses grâce à mon infirmité. J'estime réellement être chanceuse d'avoir survécu à l'accident, d'avoir rencontré tant de personnes inspirantes et d'avoir autant appris sur la vie.

II- 19 janvier 2014.

Juste avant de partir pour Somerset avec mon père, je réfléchissais à la manière dont des personnes « normales » pourraient utiliser le stoïcisme afin d'être plus heureuses et de se sentir plus accomplies. Je me suis par la suite souvenue de ce que j'avais ressenti quelques temps plus tôt, en 2013, lors d'un concert où je chantais avec des gens atteints de la maladie de Parkinson. C'était la première fois que je chantais en public depuis mon accident et, arrivée à la moitié du concert, j'ai été envahie par un sentiment extraordinaire : « Oui ! J'aime faire ça, je me sens tout à fait à ma place, je suis tellement fière de chanter avec des gens si courageux et si amicaux ».

À la fin de l'année, alors que cet intense sentiment me revint, j'ai estimé que la manière d'appréhender le stoïcisme consistait à envisager ce que *j'aurais* ressenti et pensé si j'avais considéré les circonstances d'un point de vue négatif. Par exemple : « Pourquoi est-ce que je me retrouve à chanter avec ces handicapés ? Pourquoi ne puis-je chanter alors que j'avais l'habitude de pouvoir chanter et jouer de la musique en même temps ? Personne dans cettechorale ne sait lire la musique aussi bien que moi. Ayant suivi les cours de chants de Jane, une chef d'orchestre et soliste dans un groupe de chant, je pourrais faire un bien meilleur concert que celui-ci... »

Maintenant que j'écris cela, je suis très gênée d'exprimer de telles pensées. Cependant, je pense que c'est un bon exemple qui permet de réaliser qu'il est possible de se sentir bien par rapport à quelque chose qui pourrait aussi être éprouvant. Mon intention est alors de voir comment vous vous sentez face à une certaine situation ; si votre résultat est positif, pensez à tout ce qui pourrait également être négatif pour ainsi vous rendre compte que vous pratiquez le stoïcisme. De même, si vous en avez un ressenti négatif, vous pourrez trouver une alternative positive afin d'envisager les choses différemment et essaierez d'embrasser cette nouvelle perspective.

J'ai utilisé ce procédé dans la voiture lorsque je me rendais à Somerset et ça a marché ! Il nous fallait traverser Salisbury, où se trouve

Glenside, le centre de rééducation dans lequel j'ai vécu un an bien que je n'en garde aucun souvenir. Par le passé, je devais fermer les yeux le temps de le dépasser car il me rappelait ce qu'il m'était arrivé. C'est alors qu'avant d'arriver à Salisbury, j'ai pensé à ce qui pourrait me rendre capable de voir les choses de façon positive. Je me suis dit : « bon, je pourrais me dire que j'y étais internée mais que je ne suis désormais plus obligée d'y être, que je m'en sors dans le monde extérieur ce qui montre que j'étais exactement là où il fallait que je sois ». J'ai donc délibérément gardé les yeux ouverts et ai demandé à mon père de désigner le bâtiment. Grâce à ces pensées positives j'ai pu, pour la première fois, voir Glenside « en chair et en os ». Je ne dis pas que ce fut facile ; je me souviens encore combien c'était dur, mais cela a marché.

À présent, alors que débute l'année 2014, j'ai appliqué ce procédé de pensée positive à la vie de tous les jours. Il y quelques mois, j'ai décidé d'écrire, juste avant d'aller me coucher, trois choses positives sur ma journée, un contraste avec le journal que je tenais il y a deux ans sur les choses négatives. Comme cela m'a conduit à relever *automatiquement* les choses positives et non les négatives, j'ai décidé hier que je n'en aurai plus besoin. J'écrirai désormais, le 31 décembre de chaque année, y compris celle-ci, sur le bonheur et sur les raisons qui m'ont fait passer une heureuse année. J'ai trouvé cela très enrichissant lorsque je l'ai appliqué en 2013 ; c'est l'opportunité de faire le point. Il arrivera peut-être un moment où je ne ressentirai même plus le besoin de le faire, qui sait ?

Je tiens à souligner que je suis capable de surmonter certaines choses seulement sept ans après mon accident. Avant, je n'étais pas en état de recourir au stoïcisme. J'étais trop dévastée par ce qu'il m'était arrivé. L'accident m'avait profondément choquée, au point de me faire perdre tout espoir. Cependant, j'ai réalisé cette année que, inconsciemment, j'étais stoïcienne.

Il est donc *possible* d'y parvenir, même dans des circonstances personnelles effroyables, si tant est que la personne concernée soit prête.

III-   25 mai 2014.

Je peux honnêtement affirmer que je me sens mieux de jour en jour. Mon handicap physique est toujours là, mais on me dit que ma démarche est plus assurée, et je suis persuadée que c'est en partie dû au fait que je n'ai plus honte de mon manque d'équilibre. Un jour, je parlais du stoïcisme à un ami et il m'a dit que ma description a changé son opinion sur cette philosophie. Il l'avait toujours conçu comme l'art d'ignorer les problèmes et d'aller de l'avant malgré eux, mais il s'est rendu compte que le stoïcisme vise en fait à tirer le meilleur parti de ce que l'on peut *réellement* faire.

Et ma motricité s'est un peu améliorée depuis que j'ai emménagé dans ma maison en décembre. Dans le jardin à l'arrière de la maison se trouve une jolie allée plane où je me marche lentement et prudemment sans ma canne. Chaque jour je fais plusieurs allers et retours, pendant une demie heure, pas plus, pas moins. C'est un entraînement progressif, et certains jours sont moins bons que d'autres. Par exemple, j'étais très chancelante hier et pouvais à peine plier ma jambe, mais aujourd'hui compte probablement parmi mes meilleures séances.

Mes exercices de marche me donnent le temps de réfléchir, bien que je doive également me concentrer sur mon équilibre. En fait, j'en viens à penser que le stoïcisme consiste à tirer le meilleur parti de nos ressources. Cela n'empêche pas de se sentir anxieux ou souffrant, entre autres. Hier par exemple, je me suis demandé pourquoi je me sentais faible. Étant donné que je suis désormais dans un état d'esprit plus positif, j'ai juste continué ma journée en me concentrant sur le moment présent. Je ne me sens pas mal en y repensanté tant donné que j'ai fait bien mieux aujourd'hui. Cela me conforte dans l'idée que pour essayer de devenir stoïcien, il faut d'abord être dans le bon état d'esprit. Je me rends compte que mon comportement stoïcien (comme énumérer le positif de mes journées, ce que j'ai fait pendant longtemps) devient presque une seconde nature. Allez savoir, c'est peut-être possible !

Je me remémore souvent mes « heures sombres » et me dis que

si l'on m'avait prédit que, deux ans plus tard, je ferai tout ce que je fais maintenant, je n'y aurais jamais cru. Je n'aurais jamais cru me lever tôt, aider des gens à remplir des documents administratifs, éditer des journaux locaux en braille, cuisiner et faire des gâteaux et, bien sûr, je n'aurais jamais cru partager avec d'autres gens mon expérience du stoïcisme !

L'avocat stoïcien

Paul Bryson

Si on en reste à l'idée commune mais erronée de ce que signifie être « stoïcien », un avocat stoïcien serait une sorte de robot dépourvu d'émotions défendant les intérêts de son client. On ne peut pas en dire autant de moi et ce n'est pas ce que je souhaite. Je suis un avocat stoïcien d'un tout autre genre. Plutôt que de chercher à devenir un automate froid et indifférent, j'essaie de discerner comment la vision et les enseignements des philosophes stoïciens classiques peuvent m'aider à améliorer ma personne ainsi que mes relations, tant professionnelles que personnelles.

Afin d'éclaircir ce que signifie réellement être un avocat stoïcien, j'examinerai en détail les quatre qualités que les stoïciens devraient cultiver selon les recommandations de Zénon de Cition :

- La sagesse: la connaissance de ce qui est Bien, Mal et Indifférent ;
- Le courage: la sagesse appliquée à la persévérance ;
- La modération: la sagesse appliquée à l'acquisition ;
- La justice: la sagesse appliquée à la répartition.

Je pense que, d'une manière ou d'une autre, chacune de ces qualités peut contribuer à améliorer ma personne en tant qu'avocat. Je crois que c'est à travers l'effort de devenir un avocat Sage, Courageux, Modéré et Juste que je parviendrai à m'améliorer dans ma profession. Explorons chaque aspect plus en détail.

La Sagesse

Afin de différencier ce qui est Bien, Mal ou Indifférent, je trouve qu'il est utile de s'appuyer sur la distinction que fait Épictète entre les choses qui « dépendent de nous » et celles qui « ne dépendent pas de nous ». Arrian rapporte ses paroles : « Certaines choses dépendent de nous, d'autres non. De nous, dépendent le jugement, la détermination, le désir, l'aversion, en d'autres termes, toutes les actions qui nous sont propres. Ne dépendent pas de nous le corps, la propriété, la réputation, l'autorité, toutes les actions qui nous sont extérieures », (*Manuel*, chapitre I). Notons que la première catégorie énumère des concepts qui, à travers l'exercice de la volonté d'un individu, peuvent mener à la vertu (ou au Mal, qui représente l'absence de vertu). La seconde catégorie rassemble des notions toutes indifférentes. En cela, elles ne peuvent ni contribuer ni nuire à la recherche de la vertu puisqu'elles sont au-delà du pouvoir de la volonté.

Cela influence mes priorités. La raison m'impose de me consacrer à la façon adéquate d'aborder les concepts de la première catégorie. En ce qui concerne mon métier d'avocat, la première catégorie comprend ma capacité à garder mon sang-froid, la façon dont je traite avec les clients, les opposants, les employés, une tierce partie, la façon dont je garde la confiance de mes clients, dont je gère mon cabinet et dont j'assume mes obligations de compétence, de loyauté et d'assiduité. En me concentrant sur ces facteurs, plutôt que sur ceux que je ne peux contrôler, je pense que je pourrai acquérir non seulement vertu et tranquillité, mais également de nombreux« biens » matériels. Voici quelques exemples :

- Les jurés ne seront pas distraits par un manque de professionnalisme ;

- Les opposants et tierces parties seront plus réceptifs à mes arguments et à mes propositions ;

- Les clients se sentiront bien représentés, paieront plus probablementdans les temps et s'abstiendront de porter plainte pour faute disciplinaire ou professionnelle ;

- Je serai plus susceptible de développer un réseau de clients et de collègues qui seront prêts à me recommander parce que nous aurons des relations authentiques et qu'ils me respecteront ;

- Ma réputation au sein de la communauté sera celle d'un avocat bon et juste ;

- Autre avantage, je ne serai pas conduit à manquer de professionnalisme, ne cherchant pas à faire fortune ou à réclamer des résultats aux dépens de mon intégrité professionnelle.

Le Courage

Il faut d'abord souligner que le Courage naît de la Sagesse. Cela signifie que notre attention doit rester concentrée, tout du moins en partie, sur l'identification et la distinction du Bien, du Mal ou de l'Indifférent. Le Courage consiste donc à appliquer la Sagesse aux domaines de la vie dans lesquels la persévérance est nécessaire.

Mais quel est le rapport entre la persévérance et le métier d'avocat ? Les auteurs stoïciens classiques abordaient régulièrement tout un tas d'horreurs dont-il était possible d'être témoin où que l'on aille, comme l'esclavage, le joug d'un empereur assassin ou encore la mort engendrée par des maladies ou la maltraitance. La plupart de ces risques ont été amoindris avec l'évolution de la société. Même la maladie, bien qu'elle fasse toujours partie de la condition humaine, est moins susceptible de conduire à la mort qu'elle ne l'était du temps de Marc Aurèle. Mais tout comme ce dernier, les avocats d'aujourd'hui sont inquiets. Ils ne s'inquiètent certes pas des hordes de Goths situées de l'autre côté du fleuve mais de l'agent de recouvrement qui risque d'appeler la semaine prochaine concernant le prêt étudiant. Ils ne craignent pas de perdre un membre ou un enfant à cause d'une maladie mais redoutent de ne pas devenir l'avocat qu'ils rêvaient d'être lorsqu'ils sont entrés en école de droit. Quoi qu'il en soit, ils éprouvent le même sentiment d'impuissance que l'empereur stoïcien.

Pour se donner du Courage, les avocats doivent de nos jours se rappeler qu'ils ne peuvent modifier ni les circonstances auxquelles ils font face ni les événements passés. Ils peuvent uniquemen tinfluencer le futur. Les avocats de notre temps doivent considérer le cadre des circonstances dans lesquelles ils se trouvent actuellement. Comme le fait remarquer Marc Aurèle dans *Pensées pour moi-même*, 10.3. : « un individu survit aux circonstances de la vie ou n'y survit pas ». Autrement dit, un individu peut surmonter ou subir la vie. Pour un stoïcien, le simple fait de survivre ou de succomber face à ces circonstances n'a pas d'importance car, au final, la survie en elle-même ne dépend pas nécessairement de lui. Mais face à ces circonstances, comme face aux perspectives d'avenir, il est essentiel de faire preuve de Sagesse.

Le Courage m'aide à tenir le coup lorsque les choses se compliquent au niveau professionnel. Récemment, je suis passé par une période creuse. La Sagesse m'a aidé à comprendre que cette période de sous-emploi était à la fois anodine et temporaire. Ou je trouverais de nouvelles opportunités, ou je périrais (physiquement ou professionnellement). J'ai préféré chercher de nouvelles opportunités. Plutôt que de me morfondre sur les opportunités qui auraient dû se présenter, d'entretenir un blog traitant de l'arnaque que représente l'école de droit ou encore de faire un procès à mon université et à ses valeurs pour avoir échoué à me trouver un travail, j'ai passé du temps à développer mon réseau, à me porter volontaire dans des cliniques *pro bono* et à travailler dans d'autres domaines que le droit tout en façonnant les prochaines étapes de mon projet professionnel.

C'est là ce que le Courage représente pour moi : la sagesse de choisir à quel moment il vaut mieux persévérer dans la même voie, essayer autre chose, ou bien tout abandonner. C'est aussi avoir la sagesse de comprendre quand l'objectif est Indifférent et quand il est Bien de persévérer malgré tout.

La Modération

Tout comme le Courage, la Modération naît de la Sagesse. La Modération est Sagesse lorsque celle-ci, plutôt que de s'appliquer à la persévérance, s'applique aux questions d'acquisition. Selon moi, cette réflexion sur la notion d'acquisition doit inclure tout autant le désir d'avoir plus et l'appréciation de ce que j'ai déjà acquis.

En tant qu'avocat, la modération est, pour moi, importante de différentes manières.

Tout d'abord, la modération me pousse à prêter attention à ce que je cherche à acquérir : est-ce le Bien, le Mal ou l'Indifférent ? D'après les enseignements du stoïcisme, je devrais consacrer mon temps à rechercher le Bien et à éviter le Mal, même si cela se fait aux dépens de ce qui est Indifférent. Parmi les choses dérisoires classiques figurent la richesse et le pouvoir. Par conséquent, le stoïcisme m'influence à sacrifier la quête de la richesse ou du pouvoir afin de rechercher la vertu, bien qu'il serait parfaitement acceptable d'acquérir l'un et l'autre s'ils étaient accessibles. De cette façon, ni l'argent ni le désir d'étendre mon influence ne sont des raisons valables pour que j'emploie des stratégies ou des méthodes qui me conduiraient à m'écarter de ma conduite vertueuse et ce, ne serait-ce qu'un instant. La modération est ce qui me préserve constamment de cette tentation.

Ensuite, la modération m'invite à me demander si ce que je possède déjà est suffisant ou non. Si c'est le cas, il n'y a alors aucun besoin immédiat de convoiter quoi que ce soit de plus. En tant qu'avocat, la modération me rappelle de ne pas chercher à avoir plus de clients que ceux dont je peux réellement m'occuper et représenter impartialement. Cela m'aide, en retour, à prendre le temps nécessaire afin de défendre mes clients de mon mieux. Grâce à cette attitude, ma notoriété et mon réseau s'étendront naturellement.

La Justice

Lorsque j'étais encore en école de droit, un avocat chevronné m'a fait remarquer que le métier consiste essentiellement à faire transiter des ressources d'une colonne à une autre. Si l'on prend le terme « ressource » au sens large, cela s'applique, d'une certaine manière, à tous les corps de métiers. Peu importe que les ressources en question soient de l'argent, du temps, de l'influence politique ou sociale ou quoi que ce soit d'autre. Les avocats consacrent la majorité de leur temps à essayer d'influer sur la circulation de ces ressources afin de s'assurer qu'elles reviennent à leurs clients ou bien pour éviter qu'elle ne leur échappe.

La Justice consiste à faire preuve de sagesse lors de cette répartition des ressources. Une telle approche de la justice me rappelle que, bien souvent, cette répartition échappe à mon contrôle. Bien qu'il soit de mon devoir (en tant qu'avocat et en tant que stoïcien) de faire de mon mieux, je dois me rendre à l'évidence que je n'ai aucune emprise sur le résultat. Je dois aussi affronter le fait que cet arrêt ne satisfera que rarement mon client qui s'attend à être dans une position qu'il « mérite ». La Justice m'assiste donc car elle me permet de rester concentré sur ce qui est Bien, Mal et Indifférent dans chaque transaction ou redistribution de ressources. En me consacrant à la recherche du Bien, tout en évitant le Mal et en m'accommodant de la présence et de l'absence de ce qui est Indifférent, j'accepte mieux le fait que mes clients puissent parfois perdre alors que, selon moi, ils auraient dû gagner et inversement.

***

Pour conclure, bien que la pensée stoïcienne soit le moyen que j'ai trouvé pour être heureux tout en ayant un travail oppressant, je crois que, de manière générale, le plus bénéfique soit d'adopter une philosophie de vie. Cela m'offre un cadre grâce auquel je peux interpréter le monde qui m'entoure ainsi que mes expériences, et qui me permet de contrôler les aspects les plus importants de ma vie tout en acceptant sereinement mon manque de contrôle sur d'autres. En prenant cette philosophie sérieusement, et avant même d'avoir toutes les clés en main, j'ai au moins un mât solide auquel me rattacher fermement pour résister aux tempêtes et aux chants des sirènes de l'expérience humaine.

Le maire stoïcien

Jules Evans

Introduction: Jules Evans raconte ici la vie de Sam Sullivan, maire de la ville de Vancouver, au Canada, de 2005 à 2008.

À dix-neuf ans, Sam Sullivan était un adolescent svelte et athlétique, originaire de Vancouver, en Colombie-Britannique. Il s'est brisé la colonne vertébrale dans un accident de ski et a perdu l'usage de ses bras, de ses jambes et de son corps. Pendant six ans, il a lutté contre la dépression et contre des pulsions suicidaires. Dans le but d'éviter que son moral soit tout aussi brisé que son corps, il est parvenu à adopter une perspective philosophique sur ce qu'il lui était arrivé :

> « Je jouais à toutes sortes de jeux pour prendre du recul par rapport à ce qu'il m'était arrivé ; je parle ici de jeux au sens philosophique et non frivole. Par exemple, j'imaginais être Job (le prophète de l'Ancien Testament), et que Dieu me regardait d'en haut et me disait : "Dans la société moderne, tout le monde peut se débrouiller avec une bonne paire de bras et de jambes. Mais en te privant de l'usage de ton corps, c'est tout de suite plus intéressant. Là on verra réellement de quel bois tu es fait". »

Le jeune Sam a appréhendé la catastrophe selon les principes clés du stoïcisme et a vu cette épreuve comme une occasion de tester son habilité et sa ténacité. Cela rejoint les propos d'Épictète :

> « Les circonstances permettent de montrer les hommes pour ce qu'ils sont. Lorsque survient une épreuve, tu te souviendras dorénavant que Dieu, tel un maître de lutte, t'aura fait combattre un jeune homme impétueux. À quelles fins ? Afin que tu puisses éventuellement devenir un champion olympique, ce qui se détermine non sans sueur ». *Pensées pour moi-même*, 1.24.

La guérison spirituelle de Sam impliquait qu'il change de point de vue, qu'il abandonne le statut de victime passive subissant des épreuves et adopte celui d'un champion résolu qui surmonte ces épreuves. Il reprit alors le contrôle de ce qu'il pouvait maîtriser. Il s'entraîna pour retrouver l'usage de ses biceps et de ses deltoïdes antérieurs, puis il contacta une entreprise d'ingénierie qui l'aida à concevoir des outils lui permettant, entre autres, d'ouvrir les rideaux, de maintenir la porte du congélateur ouverte et de préparer des plateaux-repas.

« Je pouvais à nouveau résoudre des problèmes. Une personne valide n'aura pas à prêter attention à ce genre de choses mais lorsque l'on est atteint d'un handicap, il est nécessaire de tout planifier. » Il a alors consacré son énergie et sa détermination à améliorer les conditions de vie de la communauté des personnes handicapées. Il milita afin de faciliter l'accès aux transports, aux services publics et aux rues de Vancouver, participa à la conception de bateaux à voiles adaptés aux personnes handicapées, mena campagne pour le financement public de leur mise en service, et favorisa également le développement, au sein de la ville, de l'escalade pour personnes handicapées ».

Ce type d'activisme l'a peu à peu conduit à s'engager dans la vie politique locale : « Je m'opposais de plus en plus au gouvernement local lors de mes campagnes et une connaissance m'a suggéré de me lancer dans la politique. C'est ce que j'ai fait. Associé à la liste du parti Non-Partisan Association (NPA) en 1993, ma candidature au conseil municipal de Vancouver s'est soldée par une réussite ». Sam Sullivan siégea au conseil pendant douze ans.

En 2004, alors que son parti cherchait un candidat pour les élections municipales de 2005, le nom de Sullivan fut proposé. À ce moment-là, il était le seul membre du parti à siéger au conseil municipal : « J'ai dressé une liste de dix personnes qui auraient fait, selon moi, un bon maire. Je suis allé les voir et leur ai demandé si elles souhaitaient se présenter. Tous ont décliné et j'ai alors posé ma candidature. À ma grande surprise, je me suis fait élire ».

L'une de ses premières responsabilités internationales en tant que maire de Vancouver fut d'aller à Turin en vue d'assister à la cérémonie de clôture des Jeux Olympiques d'hiver de 2006. Il reçut sur place le drapeau olympique des mains du maire dans l'optique des prochains jeux d'hiver qu'accueillera Vancouver en 2010. Il plaisanta beaucoup sur le fait qu'il était curieux que sa ville ait invité son pire skieur à se rendre à l'événement.

Sam Sullivan reçu le drapeau olympique de trois mètres de long et le plaça sur un support spécial de son fauteuil roulant. Il tourna ensuite sur lui-même afin d'agiter le drapeau. Il avoua qu'il avait répété cette manœuvre pendant la nuit, sur les parkings de Vancouver. L'instant fut saisi par des millions de téléspectateurs et le maire canadien fut immédiatement submergé par « près de cinq mille e-mails, lettres et appels, la majorité provenant de personnes handicapées affirmant avoir été encouragées par ce moment, bien qu' [il] ne considère vraiment pas la remise de ce drapeau comme l'une des grandes réussites de [son] mandat en tant que maire ».

Sam Sullivan confie que son admiration pour les stoïciens contribue à l'inspirer dans sa vie de militant politique :

> « Le stoïcisme m'attire essentiellement parce qu'il s'attend à ce qu'un individu s'engage dans la vie de la société. Prenez Zénon de Cition, depuis le portique peint, en plein cœur de l'action. Cependant, je n'oublie pas le degré ascétique, l'idée de se détacher des valeurs matérielles.
> C'est la notion de s'engager pleinement dans la communauté internationale tout en conservant un certain détachement qui sus tentera votre vie.
> Les stoïciens estiment que nous avons le devoir de nous engager, parce que la politique est l'accomplissement de notre nature en tant qu'êtres humains et enfants du *Logos*.
> Nous avons tous une part de *Logos* en nous (l'âme rationnelle) et cela signifie que nous sommes tous connectés les uns aux autres.
> Selon Marc-Aurèle, nous sommes tous "concitoyens et partageons une citoyenneté commune" et sommes tous "reliés les uns aux autres par une dépendance mutuelle".
> Qu'il soit de notre devoir de tolérer les habitudes des individus, de la même façon que l'on tolère nos frères et

sœurs, est l'une des conséquences qui découle de cette pensée. Il en va de même pour le fait de s'entraider à travers le service public, et ce malgré la bêtise de bien des hommes et malgré les risques et les sacrifices que cela implique.
Si la politique s'est améliorée en devenant plus juste et plus civilisée depuis l'Empire romain, c'est parce que des individus bien avisés ont eu le courage de se lancer dans la politique malgré les risques, les revers et les obstacles des intérêts particuliers qu'ils rencontreront inévitablement ».

Il ajoute:

« Se lancer en politique comme je l'ai fait est, en quelque sorte, un sacrifice car le milieu est plus déprimant que passionnant. Par exemple, alors que je présidais des audiences publiques, je rencontrais, la plupart du temps, des citoyens motivés par leurs intérêts personnels et non par le bien public. Ce dont je fut témoin pourrait en rebuter plus d'un. Peu importe l'individu honnête qui s'y intéresse de près, il se rendra compte que la réflexion critique est rare dans ce milieu. Et ça se méprise, et ça se fait des coups bas… Les conditions peuvent être très difficile à supporter pour certains.
La réponse appropriée à ce genre de comportement et d'environnement n'est pas de fléchir. Au contraire, il faut se jeter dedans à bras le corps et essayer d'y insuffler autre chose. Mais il faut parfois conserver un comportement stoïcien afin ne pas être trop déprimé par ce que l'on voit. Je me dis: "Bon, il n'y a pas si longtemps que ça, la politique se faisait à coup d'intimidation et de violence. Au moins, de nos jours les effusions de sangs ont moins nombreuses". Puisque les stoïciens cherchent à se consacrer au bien commun, lorsqu'ils parviennent au pouvoir ils n'œuvrent pas seulement pour leurs propres partisans, qu'il s'agisse de leur tribu ouleur base électorale. L'historien Eutrope raconte par exemple que Marc Aurèle "traitait de manière égalitaire avec tout le monde à Rome".
Il y a d'une part le gouvernement et de l'autre, la politique. Ces deux notions font appels à des valeurs différentes. En politique, il faut rigoureusement favoriser ses amis et s'opposer à ses ennemis, mais pour bien gouverner il faut être impartial et essayer de s'adresser à toute la société. Une

> fois entré dans le gouvernement, il faudrait agir pour le bien de ce gouvernement. J'éprouve du dédain pour ceux qui voient le fait de gouverner comme un simple prolongement de la politique ; cela nuit au bien public. Le stoïcien tente de faire ce qui est juste pour l'ensemble de la société plutôt que d'utiliser son pouvoir uniquement comme un moyen de récompenser ceux qu'ils l'ont soutenu. Cette idée, qui semble peut-être évidente pour nous, était en réalité assez contraire à la culture traditionnelle romaine dans laquelle s'enchevêtraient les dettes, les faveurs personnelles et les liens familiaux ».

En d'autres termes, le stoïcien cherche à faire ce qui est juste plutôt que ce qui est populaire. Sam Sullivan dit : « Je pense souvent à ces mots de Marc Aurèle : "la louange vide de l'opinion publique". Je ne crois pas que l'on puisse faire de la politique dans l'unique but d'être populaire. Il serait idiot de se présenter aux élections municipales dans le seul but d'être maire. Comme l'a dit Sénèque, il ne s'agit pas de vivre longtemps mais de vivre avec dignité. De même, il ne s'agit pas de rester longtemps au pouvoir mais de savoir ce que vous en ferez. »

Il ajoute:

> « Le jugement de l'opinion publique ne m'impressionne vraiment pas. Nous l'avons vu se tromper tant de fois dans l'histoire, et ce dans les moments les plus importants. C'est d'ailleurs ce qui m'a inquiété lorsque les sondages me portaient favori : j'avais peur d'être en train de faire de mauvais choix. Je suis plus intéressé par le jugement de l'Histoire, le jugement de personnes intelligentes qui ont le temps de véritablement considérer quels étaient les problèmes de l'époque. Les politiciens stoïciens d'antan n'oubliaient jamais que la politique est une entreprise infâme qui fonctionne avec des personnes "dont les principes sont nettement différents des vôtres" (Marc Aurèle). Pour les stoïciens, la politique était bien plus proche d'une obligation que d'un plaisir, et si la nécessité forçait quelqu'un à quitter la scène politique, il s'en allait volontiers et consacrait ce temps libre à son véritable amour, à savoir la philosophie. Et en effet, la plupart des grands classiques de la littérature stoïcienne ont été écrits

par des personnes qui ont été bannis de la scène politique. Leurs plus grandes réalisations philosophiques sont nées des revers et des échecs politiques ».

Le mandat de Sam Sullivan en tant que maire de Vancouver se termina en 2008 lorsqu'il a dû affronter un autre candidat à la direction du parti. Il perdit les élections de peu : « Mon rival a persuadé le parti que nous perdrions de loin les élections si je me présentais. En fin de compte, il s'est lui-même fait battre, et de très loin ».

Sam Sullivan se demande : « J'étais le titulaire, et 80% des maires titulaires sont réélus. Donc, mon parti a transformé ce qui aurait dû être une victoire confortable en déroute ». En veut-il à son adversaire pour le mal qu'il lui a causé ? « Il a fait du tort à ma carrière politique, c'est indéniable, mais ce n'est pas ce qui me dérange. En fait, je trinque régulièrement à sa santé ; en soi, il m'a rendu ma liberté. Grâce à lui, je peux désormais avoir des loisirs comme lire ou aller au cinéma, m'engager à voir d'autres personnes sans que cela dépende du fait qu'il y ait ou non une crise dans la ville. Je préfère vraiment la vie contemplative. Le service public est un réel sacrifice ».

Il ajoute cependant : « Ce qui m'a le plus dérangé fut le reniement de nos traditions politiques. C'est-à-dire le fait qu'une seule personne ait imposé ses propres ambitions politiques comme lignes directrices du parti. Après avoir perdu, j'ai essayé de faire entendre raison aux autres membres. Beaucoup ont dit vouloir quitter le parti et je les ai convaincus de ne pas le faire : "Prenez sur vous, participez à la campagne, et essayez de minimiser les dégâts". Il était clair que le parti ne s'en sortirait pas sans mal, mais je me suis dit que, même lorsque le public pense avoir assisté à un meurtre, il ne peut pas en être sûr tant qu'il n'a pas vu le corps. Alors, je me suis lancé, et j'ai apporté mon soutien au nouveau. »

Il déclare :

« Le seul apport que j'ai pu amener à mon parti à ce moment-là a été d'inventer une nouvelle manière de répondre à l'adversité : une réponse stoïcienne. Nous avons

> déjà eu l'exemple de dirigeants politiques qui ont répliqué après avoir reçu quelques affronts, d'autres qui ont laissé leur parti tomber en ruine ou d'autres encore qui ont quitté leur parti pour en rejoindre un autre. J'ai essayé de proposer un nouveau type de réponse à l'adversité : lorsque je me prends un coup dur de la part de mes propres alliés, je préfère prendre sur moi, me laisser critiquer et choisir de soutenir le nouveau représentant ».

J'ai demandé à Sam s'il n'avait jamais utilisé sa position pour introduire des politiques stoïcienne dans sa ville, ce à quoi il répondit : « Le stoïcisme se révèle surtout à travers les actions et le mode de vie. Ce n'est pas une religion à laquelle il est possible de convertir des gens. Je n'ai jamais vraiment parlé de la philosophie en tant que telle. Vancouver est une ville très cosmopolite, composée de groupes culturels très divers et il est impératif de respecter les différentes religions et croyances de tous ces gens. Je ne lis pas Épictète ou Marc Aurèle tous les jours mais, en me référant à eux quand les choses se compliquent, je trouve beaucoup de réconfort ».

Mais il ajoute :

> « D'une certaine manière, j'ai rempli mon mandat à la manière d'un stoïcien. Par exemple, l'idée stoïcienne d'adopter un comportement cosmopolite m'a été très utile. Vancouver est la ville la plus multiculturelle du Canada, et peut-être du monde, et qui comprend le plus de diversité. Le nombre de communautés ethniques qui y vivent est absolument remarquable. Alors, la conception qu'a le stoïcisme du cosmopolitisme est particulièrement appropriée à Vancouver. Cela m'a conduit à essayer d'accorder du respect à chaque communauté. Par exemple, j'ai appris quelques notions de cantonais pendant ma campagne électorale. Beaucoup de gens pensent que c'est grâce à mes facilités dans ce dialecte que j'ai remporté les élections. J'ai été plutôt bien soutenu par les citoyens de langues chinoises, la majorité d'entre eux étant cantonais. Je parle aussi un peu le mandarin, j'ai appris les rudiments du punjabi, je m'en sors plutôt bien en italien et je peuxparlerfrançais. L'engagement stoïcien cosmopolite

n'est donc, pour moi, pas du tout étranger à mon rôle de maire d'une ville comme Vancouver et d'hôte international pour les Jeux Olympiques.
Je voulais aussi que la ville soit en harmonie avec la nature. C'était le but du projet *Eco Density* que j'ai mis en place : je voulais défendre l'idée selon laquelle, pour rendre les villes d'Amérique du Nord écologiques et durables, nous devons accepter de vivre dans des centres urbains très denses, plutôt que dans des banlieues qui s'étalent à n'en plus finir. De mon point de vue, notre mode de vie actuel, et particulièrement la culture péri urbaine, est en train d'étouffer l'environnement. Nous manquons réellement de discipline dans la manière d'envisager nos modes de vie. J'aimerais qu'il existe une ville stoïcienne, une ville qui soit respectueuse de la nature, qui soit consciente de ses actions. Le stoïcisme est une discipline qui permet de comprendre l'univers dans lequel nous vivons et qui nous amène à en être plus respectueux. »

Le plus grand de tous les combats

Kevin Kennedy

> « La mort approche, même si vous manquez encore de simplicité, si vous êtes toujours susceptible d'être blessé par des événements extérieurs à vous-même, que vous n'êtes pas libres vis-à-vis de toutes ces perturbations ; même si vous n'êtes pas bien disposé envers tous vos semblables ou que vous n'arrivez pas encore à considérer qu'agir bien est la seule sagesse qui soit. » Marc Aurèle, *Pensées pour moi-même*, 4.30

Ce matin, après avoir lu cette citation, j'ai eu l'impression que quelqu'un venait juste de me donner un vif coup de pied dans l'entre-jambe. Ce n'est pas que je m'attends à mourir d'ici peu (j'ai 52 ans, ce qui était un âge très avancé du temps de Marc Aurèle, mais qui est maintenant « la nouvelle trentaine »), mais ce texte est un rappel blessant du fait que, malgré toutes les années durant lesquelles j'ai étudié la philosophie stoïcienne, je n'ai que bien trop souvent laissé des événements extérieurs perturber la paix de mon esprit, ou bien trop souvent été désagréable envers mes proches ; je n'ai pas réussi à vivre en suivant les préceptes de la raison et de la sagesse pratique.

Il est facile d'aspirer à la vie stoïcienne, du moins tant qu'aucun défi ne nous pousse à mettre notre philosophie en pratique. C'est ce qu'il est arrivé pendant la majeure partie de ma vie d'adulte, pour avoir toujours vécu seul ou, lorsqu'il m'arrivait de vivre en couple, pour continuer à me comporter comme si j'étais célibataire. Cependant, j'ai par la suite rencontré la femme de ma vie et nous avons eu deux enfants. Ma liberté a soudainement disparu et je me suis retrouvé face à des responsabilités qui m'étaient jusqu'alors inconnues. Rester chez moi et m'occuper seul de nos enfants était, pour moi, le plus grand des défis. Leur mère travaille à temps plein sur un poste fixe alors que moi, éternel candidat au doctorat, écrivain frustré et guide touristique à temps partiel, je ne travaille jamais selon le même emploi du temps. Je dois donc rester à la maison et garder les enfants, parfois pendant plusieurs semaines ou plusieurs mois. S'exercer dans le but d'atteindre les états d'*ataraxia* (sérénité) et de *prosoche* (pleine conscience), propres au stoïcisme, est d'une aide incomparable pour être un bon parent. Mais acquérir ces habitudes de pensée requiert un entraînement quotidien. Hélas, il est certains jours bien plus facile d'envoyer promener tous mes principes stoïciens.

C'est exactement ce que j'ai fait hier.

J'étais de nouveau seul avec les enfants. Leur mère était partie travailler quelques heures plus tôt, me laissant la mission de maintenir un semblant d'ordre dans notre maison. Mais tout me paraissait chaotique : la vaisselle s'entassait dans l'évier, le linge sale envahissait la salle de bain, des jouets traînaient absolument partout et une grande mare d'urine était en train de se répandre sur le sol du salon (mon fils d'un an et demi s'était enfui avant que j'ai eu le temps de lui changer sa couche). Notre foyer s'était transformé en une reconstitution historique du sac de Rome par les Vandales de Genséric. Au final, c'était l'occasion parfaite pour mettre en pratique les enseignements du stoïcisme, c'est-à-dire faire ce qui était en mon pouvoir pour rétablir l'ordre sans me soucier du reste, tout en me rappelant que mes enfants ne faisaient rien de plus que se comporter comme des enfants et que, peu importe les circonstances, je devais les traiter avec gentillesse et attention. Ce n'est pas ce que j'ai fait : j'ai laissé mes instincts primitifs prendre le contrôle et j'ai donné libre cours à mes pulsions irrationnelles.

J'ai hurlé aussi fort que possible. Rien d'articulé, plutôt une sorte de cri de désespoir : AAAAAARRH ! Mon fils et ma fille de quatre ans répondirent par un silence stupéfait. Ils ne versèrent aucune larme et m'adressèrent simplement un regard confus de deux enfants qui tentent de comprendre ce que leur père vient de faire. Mais cela était bien pire que des pleurs et je n'oublierai jamais la peur dans leur regard. Pire encore était le fait de réaliser que j'avais renié ma philosophie. Comme aurait dit Marc Aurèle, je m'étais comporté comme une marionnette à qui on tire les ficelles, me laissant manipuler par des émotions irrationnelles. À ce moment-là, un autre passage tiré des *Pensées pour moi-même* me revint :

> « N'oublie jamais que la paix des verts pâturages peut être tienne. Car vivre ici ou là, au sommet d'une montagne, ou au bord de la mer, ou en quelque lieu que ce soit, c'est, en somme, la même chose. C'est ce que dit Platon lorsqu'il compare "la vie au sein d'une ville à la traite des troupeaux dans une bergerie de montagne" ». (Marc Aurèle, *Pensées pour moi-même*, 10.23

J'avais besoin de regagner cet endroit paisible, mais je devais d'abord m'excuser. J'ai demandé pardon à mes enfants et leur ai expliqué que Papa avait un petit souci avec sa colère, puis je leur ai dit que, quoi qu'ils disent ou quoi qu'ils fassent, je les aimerais toujours très fort.

Ce n'est qu'à présent que je comprends ce que voulait dire Marc Aurèle lorsqu'il affirmait que « la lutte pour maîtriser les passions [est] la plus grande épreuve qui soit ». Mais il a lui-même dû lutter pour atteindre la paix spirituelle. Comme on peut le voir dans *Pensées pour moi-même*, il y avait certains jours où il ne voulait pas se lever ni remplir ses devoirs. Bien souvent, il trouvait que la cour qui l'entourait était cruelle, hypocrite et stupide. Parfois, il avait des difficultés à contrôler ses désirs pour les jolies filles et les beaux garçons. En plus de tout cela, il devait sans cesse s'efforcer à rester calme et à accepter tout ce que le Destin lui réservait. Si l'empereur romain parvint à demeurer un homme respectable malgré toutes ses obligations et ses difficultés, cela doit aussi être faisable pour nous aujourd'hui.

Ce matin, après ma lecture de Marc Aurèle, j'ai aussi lu un avis de décès dans un journal en ligne. L'un de mes cousins, que j'ai très bien connu pendant mon enfancemais que je n'avais pas revu depuis plus de vingt ans, venait de mourir. Il avait soixante ans, c'est-à-dire seulement huit de plus que moi. Bien que j'ose espérer ne pas le suivre dans la tombe de si tôt, d'un point de vue cosmologique, le temps qu'il me reste à vivre est tout même très court. Et malgré les instants pendant lesquels je ne parviens pas à être à la hauteur des principes du stoïcisme, je crois tout de même que suivre ces préceptes est la meilleure manière de vivre le temps qu'il me reste.

Le docteur stoïcien

Roberto Sans-Boza

Je me suis récemment intéressé au stoïcisme car cette philosophie propose un mode de vie fondé sur de très bons principes moraux tout en étant très pratique et très logique. Elle est devenue importante autant dans ma vie personnelle que dans ma vie professionnelle. Mon travail consiste à diagnostiquer de nombreux cas spécifiques, et je dois chaque jour faire face à d'importants dilemmes. Dans cet article, je souhaite revenir sur la manière dont le stoïcisme m'a aidé à façonner ma pratique médicale.

Lorsque j'ai commencé à suivre les principes du stoïcisme, j'essayais chaque matin de prendre le temps de planifier ma journée et de méditer sur certaines notions philosophiques. C'est alors dans le bus qui m'emmenait au travail que j'ai petit à petit réalisé à quel point j'avais peu d'estime pour mon métier et que je ne le voyais pas comme un moyen de devenir quelqu'un de meilleur. La question suivante m'est notamment venue à l'esprit : « Si aujourd'hui était mon dernier jour de travail, quel serait mon avis sur l'ensemble de ma carrière médicale ? ». Ce faisant, je me suis rendu compte que j'avais toujours vécu ma vie au jour le jour, me concentrant sans cesse sur l'immédiat au lieu d'avoir une idée générale de ce qu'il faudrait faire pour être un « bon docteur ». L'objectif global qui guidait mes actions avait disparu, noyé sous les détails. Cet exercice m'a aussi montré que l'on n'est pas forcément le meilleur juge de soi-même. Tout au long de mes vingt années de service, j'ai fait preuve de dévouement et de professionnalisme, mais mon attention restait tout de même centrée sur les défis quotidiens auxquels je m'efforçais de « survivre ». À l'inverse, le stoïcisme m'a aidé à comprendre qu'il me fallait trouver un sens plus profond à la satisfaction intérieure plutôt que de considérer mon travail comme un « mal nécessaire » permettant de profiter de tout ce qu'un bon salaire peut offrir (des biens matériels, des vacances, des livres et du temps libre en famille ou avec des amis).

Quatre principes du stoïcisme m'ont aidé à atteindre cet objectif : trouver cette satisfaction intérieure et une raison d'être.

Le premier principe est celui de la « pleine conscience », c'est-à-dire le fait d'examiner, d'un point de vue éthique, le type de pensées que j'ai. J'y suis parvenu, entre autre, en imaginant qu'un professeur ou collègue, à qui j'aurais envie de ressembler, regardait par-dessus mon épaule pendant que je faisais mon travail. Cette approche m'a permis d'améliorer chaque aspect de ma vie professionnelle, à commencer par ma volonté et ma capacité à apprendre de nouvelles techniques ou à me tenir informé des derniers traitements et des nouvelles procédures. J'ai donc consacré beaucoup plus de temps à étudier. Cette approche m'a également énormément motivé à améliorer ma pédagogie afin de devenir un meilleur professeur.

Le deuxième principe clé du stoïcisme, qui m'a été très utile dans ma vie professionnelle, est l'idée selon laquelle chaque personne a un rôle à jouer et que le mien consiste tout simplement à aider autant que possible les patients à recouvrer la santé. Je pense souvent à ce passage de Marc Aurèle dans lequel il compare les divers composants d'un corps humain travaillant tous ensemble pour le bien du corps à des êtres humains qui œuvreraient ensemble au bien commun :

« Nous sommes tous faits pour coopérer à la manière de nos pieds, nos mains, nos yeux et nos dents, qui participent à une œuvre commune au sein de notre corps. Agir les uns contre les autres serait donc aller contre l'ordre naturel. Et c'est bien de cela qu'il s'agit lorsque nous nous laissons aller à notre dépit et à notre aversion contre l'un de nos semblables. ». Marc Aurèle, *Pensées pour moi-même*, 2.1.

Pour ma part, mon rôle consiste à être le meilleur docteur possible. Cela implique le fait de mettre de côté mes préjugés infondés concernant toutes les choses sans importance telles que l'hygiène de mes patients ou leurs traits psychologiques déplaisants. Pour les aider au mieux, je dois également éviter de compatir avec eux et veiller à rester concentré.

Le troisième principe stoïcien est lié au fait que, en matière de maladie, certaines choses dépassent malheureusement nos capacités d'interventions. Comme je l'ai déjà dit, je dois faire face à d'importants dilemmes lorsqu'il me faut réaliser un diagnostic. En pratique, cela signifie que je dois, quotidiennement annoncer de mauvaises nouvelles aux patients lorsque les tests que j'effectue confirment la présence d'une maladie grave, douloureuse ou incurable. Cela s'avère être une tâche délicate. Effectivement, le fait de ne pas pouvoir venir en aide à ces patients provoque bien souvent chez moi un sentiment grandissant de frustration qui, à son tour, m'entraînait dans des périodes de tristesse et de désespoir. Cependant, le fait d'adopter une attitude stoïcienne m'a conduit à me concentrer sur ce dont je suis *capable* de faire, c'est-à-dire réaliser le diagnostic aussi précisément que possible afin d'atténuer la douleur et étudier davantage dans le but d'améliorer mes diagnostics. À présent, lorsque je révèle de mauvais résultats à mes patients, j'essaie de pleinement prendre en compte leur souffrance, mais tout en gardant une certaine distance. C'est une pratique cruciale qui me permet alors de "tenir le coup" et qui m'évite d'être submergé par des sentiments de culpabilité ou de tristesse.

Nous ne sommes qu'une minuscule particule dans l'immensité de l'espace et du temps : c'est la quatrième notion issue du stoïcisme qui m'a aidée à atteindre la satisfaction intérieure. Ramenés à cette échelle de valeur, les désagréments liés à la position sociale, aux ambitions personnelles et aux problèmes entre collègues ou avec l'administration perdent une grande partie de leur importance. Prendre conscience de cela m'a encouragé à me focaliser davantage sur ce qui est vraiment important : jouer mon rôle dans le grand théâtre de la vie, et le jouer *bien*. Ainsi, quand viendra mon heure, je pourrai être reconnaissant et heureux d'avoir été un membre utile du cosmos dans lequel j'ai évolué. J'apprécie davantage mon quotidien, et ma tolérance envers l'hostilité ou la méchanceté de mes collègues et responsables s'est décuplée de telle sorte que je tire bien plus de choses de mon travail qu'avant, travail qui est redevenu une source de satisfaction à la fois personnelle et intime, tout particulièrement lorsque les conditions sont difficiles ou déplaisantes.

Réfléchir aux principes et aux idées stoïciennes m'a finalement conduit à m'avouer que, par le passé, la plupart de mes désirs s'associaient à l'idée de prendre une retraite anticipée afin de pouvoir rentrer chez moi. J'espérais qu'alors je pourrais vivre une existence, loin des soucis et libéré du fardeau quotidien d'être entouré de gens qui souffrent et de devoir leur annoncer de mauvaises nouvelles. Je me suis à présent rendu compte à quel point ces pensées étaient vaines. Je dois bien sûr me préparer à la retraite qui est une étape naturelle du cycle de la vie. Cependant, j'ai maintenant l'intention de trouver joie et satisfaction dans ma vie personnelle en faisant mon travail de mon mieux et en essayant chaque jour de devenir un meilleur médecin.

Je pense souvent à mes collègues qui, de manière inquiétante, sont de plus en plus nombreux à admettre qu'ils sont lassés et désabusés de la médecine. Ce métier est devenu de plus en plus complexe scientifiquement, et de plus en plus aliénant, car la liberté de prendre des décisions dont nous jouissions jusqu'alors s'est vue réduite par les limites que nous imposent les responsables, les budgets restreints et les décisions politiques. Je pense que le bien commun souffre de la perte d'excellents professionnels, dévoués et attentionnés, qui démissionnent afin de trouver la paix ou l'accomplissement de soi en exerçant une autre activité ou en ne faisant rien du tout. À cet égard, les idéaux stoïciens pourraient favoriser le sentiment de satisfaction professionnelle, tout particulièrement en nous faisant comprendre ce que nous ne pouvons pas changer personnellement, mais également en nous encourageant à donner un exemple à suivre et à définir le devoir public qui est le nôtre envers nos semblables. Nous avons le privilège d'exercer l'un des métiers les plus excitants qui puisse exister et il y a peu de chance que nous soyons aussi utiles à la société en exerçant une autre profession que celle-ci. Même sans parler d'argent ou de reconnaissance sociale, il m'est personnellement difficile d'imaginer qu'il existe un meilleur moyen de tirer profit de mon temps sur Terre, ce qui est, bien sûr, l'unique réelle *possession* que nous ayons.

Rêveries d'une femme stoïcienne

Pamela Daw

I- La Tyrannie de l'Urgence

Voici le passage de ma lecture stoïcienne de ce matin:

> « Ô mortels ! Vers quoi vous pressez-vous ? De quoi vous préoccupez-vous ? Pourquoi vous laissez vous entraîner çà et là, comme des aveugles ? Vous abandonnez le bon chemin pour en emprunter un mauvais ; vous cherchez la tranquillité et le bonheur ailleurs que là où ils sont ; vous ne voulez point croire celui qui vous montre où ils se trouvent vraiment. Pourquoi les cherchez-vous en dehors de vous-mêmes ? Car ce n'est ni dans les charnels ou matériels que vous les trouverez… Si vous ne me croyez, regardez l'exemple de Crésus, et regardez tous les riches que vous connaissez. Voyez combien leur vie est pleine de gémissements. Le bonheur ne se trouve pas non plus dans l'exercice du pouvoir, car autrement ceux qui ont été deux ou trois fois consuls devraient être heureux, et ils ne le sont pas. » Épictète. *Discours*, 3.22.3.

Devant ce passage, j'ai immédiatement pensé ceci : « La tyrannie de l'urgence… notre monde bouge à une telle vitesse. Nous passons nos journées à poursuivre tant de choses qui ne correspondent pas aux valeurs essentielles que nous souhaitons cultiver. Combien d'entre nous sont malades parce qu'ils ne consacrent pas assez de temps à vivre sainement ? Combien d'entre nous récoltons désormais ce que nous avons semé par le passé ? Efforçons-nous donc d'être toujours conscients de nos actions et des conséquences qui en découlent. Prenons donc le temps de soigner notre corps et de nourrir nos âmes du mieux que nous pouvons. Plutôt que de nous perdre dans les menus détails de notre quotidien, lançons-nous donc dans la quête de ce qui nous importe vraiment et ce pour vivre dans le présent et non dans le regret du passé ou la peur de l'avenir. Pour mener une vie florissante, remplie de constance et de joie.

En tant qu'épouse, mère, fille, sœur, chef d'entreprise, amie, et dans la multitude de rôles que je joue dans la vie, quels seraient les piliers de ma vie ? Pour moi, le pilier le plus important, mon roc, serait Michel Daw, mon époux extraordinaire et notre relation, que je continue d'entretenir. Mon second pilier serait mes enfants et la possibilité de passer du temps ensemble bien qu'ils mènent une vie d'adulte, avec leurs propres foyers et leurs propres carrières.

Mon troisième pilier serait ma relation avec ma mère, qui est récemment tombée malade et se trouve désormais en fin de vie. En ce moment, l'une des grandes priorités de ma vie est d'être autant que possible à ses côtés tant qu'elle est encore capable d'avoir une conversation pour lui faire savoir que, comme depuis toujours, elle est aimée et qu'elle compte beaucoup pour moi. Je veux lui faire savoir que, peu importe l'aventure qui nous attend après la mort, elle survivra à travers mes souvenirs. Je me concentre sur le plaisir de m'asseoir avec elle dans le calme, regardant des photos, parlant du passé, me nichant avec elle dans sa maladie. J'essaie de faire jaillir le plus de jus possible du fruit qu'est sa vie pour le temps qu'il lui reste parmi nous.

En parlant du fait de passer du temps avec ma mère, j'en viens au grand pilier que symbolisent mes sœurs. Ce sont elles qui assument le poids que représente un parent âgé dont il faut prendre soin. Je vis à quatre heures de route de chez ma mère alors qu'elles sont à moins de quinze minutes en voiture ; l'une d'elles vit même dans la maison. Ce sont elles qui affrontent les préoccupations quotidiennes tout en essayant de trouver l'équilibre entre leurs propres piliers que sont leur mariage, leur famille et leur santé. Il est important pour moi de consacrer du temps à essayer de les soulager un peu de leur fardeau et à entretenir notre relation. Je veille ainsi à maintenir le contact entre nous afin qu'elles aient quelqu'un à qui parler lorsque les nuages de la maladie viennent assombrir leurs sources de lumière. Je veux être une oreille attentive qui leur permet d'évacuer la tension lorsque tout semble trop lourd à porter.

Les deux autres piliers qui viennent ensuite sont moins importants mais méritent toute fois leur place dans l'enceinte de ma vie :

il s'agit de mon entreprise et de mes amis. Je travaille à domicile et dois constamment affronter le défi de la tyrannie de l'urgence et du temps qui file à toute vitesse. J'essaie de m'imposer des horaires de bureau afin d'être plus concentrée sur mon travail et d'être plus productive. Mes amis forment le pilier qu'il m'est le plus difficile à intégrer dans l'enceinte de ma vie en ce moment à cause de nombreux voyages que je dois faire de plus en plus fréquemment pour aller voir ma mère. Plusieurs de nos amis participent aussi aux ateliers de stoïcisme que mon mari et moi tenons chez nous tous les mois. Cela signifie qu'ils font partie intégrante des fondations mêmes de l'enceinte de ma vie qu'est le stoïcisme. Celui-ci est la matière qui constitue ces fondations ; elles ne sont pas faites d'argile mais de roches volcaniques à la fois solides et incandescentes.

Concrètement, qu'est-ce que le stoïcisme apporte à ma vie ?

- Une manière de vivre plus consciente (planifier les choses avec réserve, en sachant que tout peut changer en un instant)
- L'autogestion (du seul corps que j'ai, il est comme ma maison)
- La pleine conscience de notre planète (essayer de vivre en accord avec la nature tout en laissant derrière moi la plus petite empreinte possible et en ayant conscience de notre place dans l'univers)
- Les vertus (essayer de vivre en considérant les vertus comme une boussole, faire ce qui est bien pour le seul motif que c'est la bonne chose à faire)
- Le lâcher prise (savoir ce qui est en mon pouvoir et ce qui ne l'est pas)
- Les relations (ma place dans le monde et l'importance de ceux autour de moi).

Une fois passés tous les piliers de ma vie, je vois bien qu'il me reste très peu de temps pour les distractions qui se présentent. Dernièrement, j'ai remarqué que certaines activités que je considère des moins fructueuses (comme passer trop de temps sur Facebook ou regarder la télévision) ont pris de l'importance dans ma vie au détriment du reste. C'était peut-être un mécanisme d'autoprotection morale qui m'aide à digérer l'annonce de la maladie et du décès imminent de ma mère.

Je vais continuer à rechercher l'équilibre dans ma vie et à faire en sorte que les piliers les plus importants ne se retrouvent pas ensevelis sous les grains de sables de Facebook et de la télévision. En d'autres termes, mon but est de veiller à ce que l'*authenticité* reste mon objectif premier pendant mon séjour sur cette planète.

II- À la Fin du Voyage

> « Comment fait-on pour organiser une traversée en mer ? Qu'est-ce qui est en mon pouvoir ? Je peux m'attacher à bien choisir le timonier et les matelots ainsi que le jour et l'heure du voyage. Ensuite, arrive une tempête. Pourquoi aurais-je besoin de m'en inquiéter ? J'ai fait tout ce qui dépendait de moi, c'est maintenant à quelqu'un d'autre, au timonier, d'agir. Mais lorsque le vaisseau commence à couler, que puis-je faire ? Ce qui dépend de moi : je me noie sans m'effrayer, sans pousser un cri, sans accuser Dieu, car je sais que tout ce qui est né doit périr. Je ne suis pas immortel mais un simple homme mortel : une partie d'un tout, comme l'heure est une partie du jour. Il faut que je subsiste comme l'heure, et que ma vie s'achève, comme l'heure. Que m'importe la manière dont elle s'achève, par la noyade ou par la fièvre ? De quelque façon que ce soit, cela est inéluctable. » Épictète. *Discours*, 2.5.2.

Voici ce que cela m'a évoqué : « Avoir le courage d'affronter l'inévitable paisiblement et raisonnablement. Faire ce que l'on peut pour influencer ou modifier les circonstances mais, après avoir fait tout notre possible, agir dignement ».

J'ai récemment subi une immense perte dans ma vie personnelle : ma mère est morte suite à son cancer en phase terminale que l'on avait dépisté à peine quatre mois auparavant. Elle a été exemplaire, faisant preuve de « grâces dans l'épreuve même la plus extrême » et de « calme lorsque les orages de la vie tempêtaient autour d'elle ». Cet exemple restera gravé en moi et en tous ceux qui ont été témoin de sa dignité et de son incroyable courage. Dès son premier diagnostic, elle a discuté avec les médecins et les spécialistes et a compris qu'il y avait peu d'interventions médicales qui prolongeraient considérablement sa vie. Elle a donc fait le choix d'accepter l'inévitable et de passer le peu de temps qui lui restait entourée de sa famille et de ses amis. Plutôt que de pester contre les circonstances ou de lutter contre une mort certaine, elle a choisi d'accepter les choses avec sérénité. Ses derniers instants, bien que teintés du regret de ne pas pouvoir partagé le futur avec les gens qu'elle aimait, étaient remplis d'amour, d'amitié et de paroles significatives.

J'estime que c'est un véritable cadeau du ciel d'avoir eu une telle mère et d'avoir pu l'accompagner dans ses derniers jours. C'est une chance d'avoir connu une telle femme qui a été un véritable exemple de dignité et de vertu face aux épreuves insurmontables qu'elle a dû affronter.

Lorsque nous nous retrouvons face à de telles circonstances et à de tels défis, nous devons tout d'abord déterminer nos futures actions de façon vertueuse. Nous devons ensuite agir selon les exigences de cette vertu puis devons accepter les conséquences tout en comprenant que nous avons fait ce qui était à notre portée. Il nous est alors possible de lâcher prise et de nous aventurer dans les océans de la vie, d'accepter le dénouement et de profiter du voyage.

Sur les moufettes, la choucroute et le stoïcisme

Erik Knutzen et Kelly Coyne

Nous sommes des « fermiers urbains », à la manière d'une Martha Stewarts[4] qui serait déconnectée de toute technologie et vivrait de façon rudimentaire. La ferme urbaine est un mouvement qui vise à l'autosuffisance à travers le « faire soi-même » et qui est composé d'une large palette d'activités : du jardin potager à la fabrication de bières artisanales, de l'élevage de poulets à fabrication de pain, d'un mode de vie frugal au développement communautaire.C'est un mode de vie particulièrement pragmatique.

Cette dimension pratique est la raison pour laquelle le stoïcisme est un parfait« système d'exploitation » pour les fermiers urbains que nous sommes. Alors que Foucault et Hegel pourraient éventuellement me guider à travers les frontières de l'épistémologie, quand je me retrouve devant une rangée de légumes soigneusement entretenue qui vient de se faire détruire par des moufettes, il y a fort à parier que c'est plutôt vers Sénèque que je vais me tourner.

Lorsque vous passez le plus clair de votre temps, comme nous le faisons, à fouiller sur l'Île des Compétences Oubliées, en essayant d'apprendre de façon indépendante des méthodes artisanales que même nos grands-parents ont oubliées depuis longtemps, vous êtes certain d'aller au-devant de nombreux échecs cuisants, de revers et de frustrations. Les moufettes sont, pour ainsi dire, partout.

Mais ce sont pourtant ces défis-là, plus que les activités en elles-mêmes, qui nous enrichissent. Prenez par exemple les conseils avisés de Sénèque en matière de psychologie et d'horticulture :

---

[4] Personnalité de la télévision et femme d'affaires américaine ayant élaboré différents savoir-faire qui permettent de mieux vivre chez soi.

> « Il n'est d'arbre plus solide et vigoureux que celui qui souffrit longtemps les assauts du vent. Ces attaques qu'il essuie rendent sa fibre plus compacte, sa racine plus sûre et plus ferme. Les arbres fragiles sont ceux qui ont grandi dans une vallée ensoleillée. Il est, par conséquent, à l'avantage même des bonnes personnes, si elles souhaitent que la crainte leur devienne étrangère, de s'habituer à vivre dans la crainte au quotidien et de supporter avec patience ces désagréments, qui ne sont des maux que pour ceux qui les vivent mal » Sénèque, *Sur la Providence*, 4.

Comment peut-on apprendre à « vivre dans la crainte au quotidien » ? Un bon moyen pour s'entraîner est d'essayer de se déplacer en vélo à Los Angeles. Il m'a fallu des années de pratique avant de m'habituer à rouler aux côtés d'automobilistes souvent distraits et impatients. Un stoïcien dirait que : « La colère, si elle n'est pas contenue, est souvent plus blessante pour nous que la blessure qui l'aprovoquée ». Si je me retourne pour faire un doigt d'honneur à un conducteur négligent derrière moi, il y a de fortes chances pour que la seule chose que je gagne soit de foncer droit dans une voiture qui se rabat devant moi.

M'arrive-t-il encore parfois de me mettre en colère lorsque je fais du vélo ? Sans aucun doute. Le stoïcisme est un cheminement et non pas une destination. Atteindre la paix intérieure d'un grand maître stoïcien prend toute une vie. Mais au moins, j'essaie. Rouler en ville me donne l'occasion de faire de l'exercice physique et m'évite d'utiliser des combustibles fossiles mais, plus important encore, c'est pour moi un entraînement afin d'atteindre la paix intérieure.

Sortir dans le jardin, cueillir dans les bois des herbes sauvages comestibles, cuisiner à partir de rien ou se déplacer à vélo signifie aussi supprimer votre compte Facebook et se déconnecter de votre téléphone et de son flot infini de messages. C'est aussi dire adieu aux actualités concernant les maires drogués et les célébrités éhontées. Pour habiter la média-sphère contemporaine, il faut vivre une vie proche de ce que décrit la célèbre maxime de Cléanthe, c'est-à-dire « comme un chien attaché à une charrette, qui est obligé d'aller partout où elle va ». Lorsque nous laissons la charrette nous entraîner, nous perdons notre libre arbitre. Nous perdons de vue les choses mêmes qui peuvent vraiment changer le monde : tous les efforts sincères que nous faisons, même les plus petits, avec nos mains et avec notre cœur.

Au lieu de nous laisser entraîner par la charrette, nous pouvons rassembler les êtres qui nous sont chers, nos amis, nos voisins et toute notre communauté et ce dans le but de travailler main dans la main sur les choses que nous pouvons changer, sans nous soucier de ce qui ne dépend pas de nous. Être fermiers urbains nous donne à tous l'opportunité de changer le monde une chose après l'autre, à coup de trajets à vélo, de jardins florissants, de pommes cultivées artisanalement et de bons plats de choucroute.

Sous ma chemise, le « S » de Stoïcien

Bernard Dato

Simple et profond à la fois. Fulgurant et intemporel. L'être-au-monde.

Mais encore ?

Un verdict qui tombe. Nodule pulmonaire. Peut-être malin. Opération !

Les dogmes de la philosophie stoïcienne que je tentais de vivre (Il n'y a de bien que le bien moral, il n'y a de mal que le mal moral ; il faut distinguer ce qui dépend de nous et ce qui ne dépend pas de nous ; ce ne sont pas les choses qui troublent les hommes mais leurs jugements sur les choses), allaient-ils tenir tête à la pression anxiogène ? Les disciplines qui découlaient des dogmes (discipline des désirs, discipline de l'assentiment, discipline de l'action), allaient-elles résister au parcours combattant des examens et des diagnostics ? Les exercices qui procédaient des disciplines (concentration et expansion du Moi, circonscription du présent, exercice de la mort), allaient-ils survivre à un quotidien (re) devenu dangereux ? Rien n'était moins sûr. Quitte ou double ! Ce mode de vie que j'avais choisi et que je pratiquais au prix d'une attention de tous les instants (d'une tension de tous les présents), n'allait-il pas s'effondrer d'un coup d'un seul de ce tonnerre ? Je sentais déjà les fissures qui couraient partout dans l'édifice précaire. Test ultime. Quitte ou double. Soit il m'aidait, ce stoïcisme (qui, pour être plus précis, m'avait choisi lui-même, car ma manière d'être-au-monde, lorsque j'en pris conscience, c'était du stoïcisme qu'elle se rapprochait le plus – tout fut ensuite une question d'ajustements, de corrections, de cohérence, de va-et-vient entre le discours et le vécu), soit je le jetais à la mer, avec tous les livres, toutes leurs phrases, et tout ce que je mettais entre ces phrases.

Un premier test, auparavant, m'avait pris lui aussi par surprise. Il en avait d'autant plus de valeur. De légitimité. Je l'appelai le test du super 8. Il était un exercice de la mort. La mort de l'individualité.

Nous sommes des mélodies. Notre sentiment d'unité monadique n'est qu'illusion. L'unité mélodique provient de la résonance mémorielle des notes mais en fait, lorsque la dernière apparaît, toutes celles qui l'ont précédée sont déjà mortes. La mélodie est une entité virtuelle. Nous sommes des mélodies, nous sommes des entités virtuelles, nous mourons à nous-mêmes, chaque jour, continûment. J'ai éprouvé ce dogme stoïcien il y a peu, en visionnant – par un concours de circonstances inattendues - un super 8 dans lequel j'apparaissais, âgé alors de quatorze ans, auprès de mes grands-parents maternels aujourd'hui disparus. Scènes d'une vie rurale et du quotidien des années 70. J'aurais pu éprouver, comme les quelques fois où j'étais tombé sur ces images tremblantes et rayées, une nostalgie romantique. Mais non. Ma conversion au stoïcisme, manifestement, était bien réelle. Car dans ce garçon de quatorze ans, qui n'avait aucune ride, dont je ne reconnaissais ni l'accent, ni la voix, ni même les schémas de pensées, je ne voyais qu'un être disparu, mort, et non un être encore en moi comme dans ces poupées russes.

Nous sommes des mélodies, et nous mourons à nous-mêmes comme chaque note, dans une mélodie, qui s'éteint pour laisser place à celle qui vient. Mes « moi » ont tant de fois disparu. Au fond, comme le suggère Marc-Aurèle, ce ne doit pas être si terrible que ça de disparaître. « (…) *l'adolescence, la jeunesse, la vieillesse ; là aussi, toute transformation est une mort. Est-ce terrible ?* » (Marc-Aurèle, *Pensées pour moi-même*, livre IX, XXI).

Sauf que cette fois, il ne s'agissait pas de moi.

Un verdict qui tombe. Ma compagne de trente-neuf ans a un nodule pulmonaire possiblement malin. L'opération est faisable. Et fortement conseillée. Mon stoïcisme ? Ce sera quitte ou double. Aussi tôt je sens éclore en moi des embryons de pensées discursives. Celles qui concernent le passé (*si seulement elle n'avait pas…*), celles qui relèvent de l'avenir (*et si l'opérationne...*), celles qui refusent ce qui est - et qui, comme le passé ou l'avenir, ne dépendent pas de moi (*pourquoi elle, pourquoi ma compagne, alors que...*). Il faut (ré)agir rapidement. Dès qu'elles prennent forme, avant mêmequ'elles neparviennent à maturité, je visualise ces pensées comme des brumes évanescentes, je les mets hors de moi, puis je les laisse s'évaporer, cependant que je reviens dans mon instant présent, tendu et concentré comme le tireur à l'arc. Peu importe si ma flèche n'atteignait pas la cible, il serait encore temps d'en tirer d'autres. Le plus important était d'être entier dans le *ici et maintenant* du geste, de viser avec le plus grand soin, de tirer la flèche le mieux possible.

J'avais, depuis un certain temps déjà, mis au point deux exercices pour circonscrire mon présent, pour concentrer mon Moi et pour, dans le même temps, provoquer son expansion. Mon travail de critique d'art, depuis quelques années, contribuait à entretenir – et même à développer – un *regard de peintre*. Je m'étais mis à l'appliquer dès qu'à l'extérieur je marchais dans la rue, ou bien dans la nature, enchaînant au fil de mes pas des cadrages imaginaires dans lesquels, sur une façade d'immeuble aux verts pâles et gris, l'orange saturé du petit rectangle d'une fenêtre explosait à l'œil ; des cadres éphémères dans lesquels l'asphalte brillante, en regardant le ciel, prenait d'infinies nuances de bleus ; des cadres en très gros plan où les diverse coulures, sur le tronc d'un platane, lui conféraient une texture picturale douce et épaisse ; des cadres géométriques dans lesquels les courbes des réverbères affrontaient les horizontales effilées du soleil rasant qui traçait les bords humides des trottoirs. Je tendais de plus en plus à ne voir que des formes pures. « (...) *ce monde qu'il m'arrive bien des fois de regarder comme si je le voyais pour la première fois.* » (Sénèque, *Lettres à Lucilius*). C'était devenu un réflexe. Un automatisme. Si bien qu'un jour je me suis aperçu, voulant réfléchir à une de mes nouvelles en cours, que je devais me forcer pour formuler des pensées discursives. L'exercice quotidien, au bout du compte, avait bien fonctionné. Cette circonscription du présent, cette concentration du Moi en un regard (presque) naïf, je les enchaînais tout naturellement avec une expansion du Moi – c'est-à-dire la conscience que je suis une partie d'un Tout. Je convoquais, pour se faire, au bout de quelques minutes du *regard du peintre*, des images de lieux que je connaissais pour y être passé (le mur d'un salon d'attente, dans une clinique, sur lequel était accrochée la reproduction en poster d'un tableau de Raoul Dufy), ou encore que j'avais vu en photo ou dans un reportage (deux rangées de statues de Bouddhas à l'entrée d'un temple canadien). La clé était de ne pas les visualiser comme des souvenirs, mais bien de prendre conscience que ces endroits existaient simultanément avec mon présent. Pendant que je vivais, d'autres que moi vivaient en d'autres endroits.

Circonscrire mon présent c'était finalement en faire une sorte de page sur laquelle je pouvais inscrire, avec plus de clarté et noir sur blanc, mes décisions les plus impératives. « *Le présent, c'est le seul moment où nous pouvons agir. La concentration sur le présent est donc une exigence de l'action. (...) si nous nous mettons dans la perspective stoïcienne, il nous donne l'occasion de faire notre devoir, de vivre selon la raison ;* » (Pierre Hadot, *La philosophie comme manière de vivre*).

Et dans cette épreuve, c'était bien mon intention.

Rien de ce qui avait été fait ne pouvait être défait par moi. Et je n'avais aucune prise sur ce qui adviendrait plus tard. Je me souviens avoir cherché dans mon présent, avec une urgence presque vitale, quel était mon libre-arbitre. Quelle était l'action que je pouvais entreprendre. Quelle était la décision que je me *devais* de prendre. Je me souviens m'être dit que quoi qu'il advienne, je puiserai dans mes (maigres) économies pour offrir à ma compagne des vacances supplémentaires aux Chalets de Gruissan, (discipline de la décision, de la tendance à l'action), lieu de retraite méditative où nous allions chaque année en septembre. L'hiver, aussi, nous y trouverait ! Je me souviens lui avoir écrit, en sms, lorsque fut posée la date de l'opération, qu'elle pouvait concevoir l'acte chirurgical non comme un danger intrusif, mais comme une rencontre. Une des plus belles qui soient. La rencontre de deux êtres qui ne se connaissent pas mais dont l'un, pourtant, va offrir tout son savoir-faire exigeant et chèrement acquis, et l'autre, contre toute attente, va donner toute se confiance la plus ouverte. L'un confiait sa vie, l'autre en prenait la responsabilité (ce ne sont pas les choses qui troublent les hommes mais leurs jugements sur les choses). Je me souviens avoir pris soin, à chaque étape, de l'aider à rester dans le présent, d'épauler sa paix intérieure, d'orienter ses jugements. Je me souviens que ce fut une attention de tous les instants. Une tension de tous les présents. Est-ce que ça l'a aidée ? Je me souviens que ça m'a aidé.

Je me souviens aussi qu'*elle* m'a aidé.

Il faut bien le comprendre, il faut bien le reconnaître, être stoïcien c'est seulement *vouloir* l'être. Tant de choses (que je ne saurais identifier avec précision), se sont en cours de route déchirées en moi (en des lieux que je ne saurais repérer avec clarté). La vie stoïcienne est une entreprise ballottée en haute mer. Joies de vagues profondes et sonores, découragements de ciels lourds et d'étain. La vie stoïcienne est un sport de haute montagne. C'est un château de cartes construit sur des sommets enneigés et que les vents violents n'ont de cesse de disperser. Mais je tenais bon ! A l'avoir vue, sourire dans chaque présent, rassurer tous ses proches, ne jamais être envahie par des anticipations destructrices, donner son argent pour des gibbons et des forêts menacées alors que la douleur palpitait encore, je prenais une leçon de stoïcisme spontané et sans discours. Et qui me servirait. Je poursuivrais. Je retrouverais chaque fois toutes les cartes. Et je reconstruirais le château sur les cimes glacées.

L'opération s'était bien passée...

Le diagnostic avait été posé à temps. Ni la chimiothérapie ni la radiothérapie neseraient nécessaires.

Et l'héroïsme discret de ma compagne, je le trouvais *super* ! Car d'une certaine manière, ce qu'elle faisait constamment, c'était ouvrir les deux pans de sa chemise sur un « S » majuscule. Qu'est-ce à dire ?

Enfant, puis adolescent, cet instant précis où le personnage du super-héros passait de son identité civile à son identité secrète de justicier, ce court moment où le visage encore visible côtoyait le logo du collant, tout juste avant l'action, me fascinait, me sidérait même, et je faisais dans ma lecture comme un arrêt sur image, extirpant la case de la temporalité de l'intrigue, éternisant sa fugacité prétendue. Je constatai plus tard que je n'étais pas le seul à sentir confusément l'importance symbolique de cette image charnière et furtive. Inventée avec Superman entre les années 40 et 50, elle fut reprise pour la plupart des super-héros, dans les comics comme dans les films, soulignée par le cadrage et le rythme, mise en scène avec ostentation à chaque fois.

Cet instant iconique où les deux pans de la chemise s'écartent, c'est le présent du stoïcien, unique temps où le philosophe exerce son libre-arbitre, où il prend une décision tendue par l'exigence du bien. On le sait, conséquence de ses dogmes, le philosophe stoïcien se doit d'opérer une concentration du Moi. Il doit se défaire du superficiel ou du périphérique. On le sait encore, il se doit également de réaliser une expansion du Moi. Sentir a tout moment qu'il est une partie du tout humain, du tout cosmologique. On le sait enfin, son présent, que sans cesse il cherche à circonscrire, est une tension, lieu de la décision selon le bien moral. Or, que fait Clark Kent lorsqu'il ouvre sa chemise, lorsqu'il se débarrasse de son costume trois pièces et, dans le même temps, de ses préoccupations de journaliste faussement maladroit, de ses histoires de cœur d'homme timide, de son identité d'emprunt, sinon une concentration du Moi ? Que fait-il en découvrant le « S », symbole de sa famille, de sa planète d'origine Krypton et de tous ses habitants, sinon une expansion du Moi qui se sent et s'affiche comme partie d'un tout ? Et que fait-il dans ce geste transitoire qui précède (ou qui plutôt constitue) l'action, sinon prendre une décision guidée par un impératif de justice envers et contre toutes les adversités? Il devient clair, alors, de ce point de vue-là, que le super-héros est une figure archétypale du philosophe antique et qu'il est plongé tout entier, à cet instant devenu iconique, dans le présent stoïcien typique. Ce « S » sur la poitrine, alors, serait aussi le « **S** » de « **S**toïcisme », et, en tentant jour après jour de régler mes pas sur la dynamique stoïcienne, je m'approchais, d'une certaine façon, des héros de mon enfance.

Mais après ce fondamental de la culture populaire américaine, c'est une forme poétique japonaise qui allait cette fois venir à moi pour enrichir encore ma vie philosophique.

Simple et profond à la fois. Fulgurant et intemporel. L'être-au-monde. Comme un haïku ! L'évidence s'imposa brusquement. Parce que le haïku, d'une part, est l'évocation émotionnelle de l'instant présent dans son étrangeté la plus originelle – le monde comme si on le voyait pour la première fois -, et que, d'autre part, les contraintes très fortes de sa composition convoquent une tension extrême (l'impératif d'écrire au présent, l'exigence de trois vers selon le schéma 5/7/5, le recours à trois images dont l'une éclaire les deux autres, l'absence d'effet poétique comme les rimes, allitérations et autres métaphores, etc.), il est par excellence et également un exercice spirituel qui s'inscrit dans la pratique stoïcienne. Il nous oblige à l'immersion dans l'instant, il nous pousse à l'attention accrue qui lèvera le voile sur notre quotidien et en révélera toute la singularité ; et ce n'est pas un présenté picurien, par exemple, qui est tout en détente, mais bien un présent stoïcien tendu, occasion de réaliser son devoir, car il faudra ensuite traduire cette émotion dans une forme très codifiée, disant ce que l'on voit de la façon la plus brute, sans allusion au passé ni au futur mais avec, toujours, un arrière-plan philosophique. Ainsi, me baladant le long de la plage hivernale – et délicieusement désertée – des Chalets de Gruissan, au lever du jour venteux et aux bras de ma compagne Sarah courbée un peu par le tiraillement résiduel de la chirurgie et qui, lorsqu'on lui disait que bientôt l'opération ne serait qu'un mauvais souvenir, répondait invariablement – et avec une candeur franche et naturelle – qu'elle ne pouvait même pas dire que le souvenir était mauvais (quelle stoïcienne instinctive, quelle stoïcienne dansl'âme, quelle admirable stoïcienne à mes yeux !), j'écrivis alors :

La mer et le ciel.

Bleus, verts, gris ; sombres et mats.

Deux oiseaux brillent !

(Chalets de Gruissan, vendredi 15 janvier 2016, 18:30)

PARTIE V

LE STOÏCISME À L'USAGE DES PARENTS ET DES ENSEIGNANTS

Comment s'en sortir avec des enfants en bas-âge

Chris Lowe

Je m'étais préparé à devenir père mais je me suis tout de même retrouvé projeté assez brutalement dans la vie parentale lorsque nos jumeaux sont arrivés douze semaines avant terme. Déjà à l'époque, et bien avant que je ne découvre cette philosophie, nous avons fait preuve de stoïcisme dans des moments de grande préoccupation. Jongler pendant onze semaines entre les sondes gastriques, les écrans de contrôle et les transfusions aurait pu être incroyablement angoissant mais nous sommes parvenus à appréhender la situation jours après jours et à garder un esprit rationnel.

À l'inverse, j'ai été initié au stoïcisme de façon plus progressive. J'ai tout d'abord découvert ce mouvement au travers d'un blog sur la finance. J'ai par la suite lu *A Guide tothe Good Life* de William B. Irvine et j'ai moi-même commencé à tenir un blog. J'ai également participé à *la Semaine du stoïcisme* en 2013.

Nos enfants ont trois ans désormais et, au fur et à mesure qu'ils grandissent, mes propres imperfections deviennent de plus en plus visibles, comme si elles se reflétaient dans mes deux fils. Ce reflet de moi-même m'a réellement incité à améliorer ma personne, et il semblerait que ce fut à travers le stoïcisme que je pus trouver les ressources nécessaires afin de nous améliorer, moi et mes enfants, en tant que personne.

L'un de mes plus importants devoirs en tant que père est d'élever de bons et productifs futurs membres de la société. Il revient à nous, parents, d'éduquer nos enfants et de leur montrer le bon exemple. Si nous leur inculquons des bonnes manières, de la discipline, des valeurs ainsi qu'une éthique du travail plutôt que de gâcher leur éducation, alors ils pourraient réellement répandre le bien autour d'eux. Il me semble que le stoïcisme détient nombre des outils nécessaires à une bonne éducation ; il permet d'élever des enfants qui comprendront leurs émotions, qui seront consciencieux et respectueux envers autrui, qui auront une réelle éthique du travail et qui sauront s'adapter aux changements qu'ils subiront tout au long de leur vie tout en faisant preuve de persévérance. Alors que nous tâchons d'appliquer ce mode d'éducation à nos enfants, ma femme et moi cherchons à prendre en compte leur comportement, leurs traits de caractère et leur personnalité. Ma femme a reçu une éducation bien spécifique et a appliqué une pédagogie basé sur l'analyse comportementale. Combinés avec des influences de la pédagogie Montessori auxquelles s'ajoutent nos antécédents familiaux uniques, ces éléments à la fois scientifiques et empiriques constituent notre propre méthode d'éducation et semblent avoir engendré deux enfants fantastiques. Jusqu'à présent, notre pratique parentale s'est résumée à encourager chaque aspect ou aptitude positive et à décourager, en les ignorant, tous les aspects ou comportements que nous estimons négatifs. Nous aurons accompli notre devoir de parents si nous offrons à nos enfants de meilleures chances de s'épanouir en tant qu'adultes et de contribuer positivement à la société grâce aux capacités d'adaptation que nous leur aurons transmises.

Je trouve que l'image de l'archer bandant son arc est une analogie stoïcienne particulièrement éclairante : nous pouvons nous entraîner et acquérir une maîtrise absolue de la discipline mais ne pouvons contrôler la trajectoire de la flèche une fois la corde relâchée. Le vent ou toute autre interférence peuvent altérer sa trajectoire, ce que nous devons être prêts à accepter. L'éducation et l'exemple que nous donnons à nos enfants les préparent pour le futur mais cette préparation ne les amène qu'à un certain bout du chemin ; le reste échappe à notre contrôle. Me remémorer la dichotomie de la notion de contrôle à été l'une des mises en pratiques du stoïcisme des plus utiles que j'ai pu trouver. Par exemple, le comportement passé et présent de mes enfants ne dépend pas de moi. En revanche, je peux contrôler la manière de les éduquer dans l'espoir d'influencer leur conduite future. Il est de mon devoir d'inculquer à mes enfants qu'il faille faire preuve de persévérance et qu'il faille réagir convenablement face aux déceptions.

J'en suis venu à penser que les tout-petits ne sont rien d'autre que des créatures impulsives, vouées à satisfaire leurs désirs immédiats. De simples hédonistes novices. Ils agissent encore par pure ignorance et ne font pas preuve de suffisamment de rationalité pour pouvoir retarder la satisfaction de leurs désirs ou comprendre dans quel contexte s'inscrivent leurs actions. La manière dont ils réagissent lorsque leurs désirs ne sont pas satisfaits dépend de la manière dont ma femme et moi les élevons.

Tester ses limites, essayer d'imposer son pouvoir et pousser des crises de colère : tout cela fait partie intégrante de la vie d'un jeune enfant et est conforme à sa nature. Désirer ou s'attendre à quoi que ce soit d'autre serait absurde et mettrait sans aucun doute votre bonheur à la merci de forces qui échappent à votre contrôle. La difficulté que représente le changement du comportement d'un enfant consiste à identifier les caractéristiques propices à son développement, c'est-à-dire en accord avec la nature, et celles inappropriées, c'est-à-dire celles qui nuisent à son épanouissement.

D'après mon expérience réduite en la matière, la plupart des comportements inconvenants relèvent de l'acquis. La routine et les habitudes, telles que laisser vos enfants regarder la télévision pendant que vous cuisinez, peuvent déterminer les codes de conduite dans l'esprit de l'enfant, ce qui le mène à s'effondrer lorsque, inévitablement, cette routine est perturbée. En répondant à un enfant qui pleure et en le dorlotant, vous renforcez chez lui l'idée que pleurer résout les problèmes. Nous voulons avant tout leur transmettre qu'ils doivent utiliser des mots pour parler et communiquer et nous essayons d'ignorer complètement tout comportement caractériel tel que les crises de colère et les pleurnicheries.

Chez l'un des garçons, nous avons remarqué un manque de souplesse concernant l'ordre dans lequel nous faisons les choses. Il piquait parfois une crise de colère lorsque je le sortais de la voiture et le portais à l'intérieur alors qu'il aurait souhaité le faire lui-même. Il continuait son caprice jusqu'à que je le ramène dans la voiture pour qu'il puisse tout reprendre à zéro. Pendant quelques temps, nous avons donc fait l'effort d'ignorer ses colères jusqu'à ce qu'il apprenne à être plus flexible. Nous espérons ainsi améliorer sa capacité d'adaptation face aux perturbations qu'il rencontrera dans la vie afin qu'il y soit mieux préparé.

Je ne peux qu'espérer avoir fait de mon mieux pour nous préparer, mes enfants et moi-même, à contribuer positivement à la société. Je ne souhaite pas nécessairement élever des *super-enfants* qui seraient des violonistes virtuoses ou parleraient couramment six langues car bien que ces qualités soient admirables, elles ne sont pas nécessaires et, d'après moi, cela reviendrait à accorder de l'importance à ce qui n'est pas une priorité. Je veux élever des enfants qui aient une pensée critique et qui soient créatifs, attentionnés et généreux. En définitive, je veux en faire des personnes qui laisseront derrière eux un monde meilleur que celui dans lequel ils sont nés.

Je suis un meilleur père en théorie qu'en pratique. Il m'arrive souvent de faire des faux-pas et, de temps à autres, de procéder de façon insoucieuse et de mal réagir face à une situation, ne faisant que l'aggraver. J'essaie de reconnaître mes faiblesses, de les garder en mémoire, de me les pardonner et de les rectifier par la suite. Mon objectif est de mieux prendre conscience de mes actes et de devenir un meilleur parent, un meilleur mari, et une meilleure personne.

Paternité et acceptation stoïcienne

Jan Fredrik-Braseth

Bien que j'ai étudié la philosophie pendant plusieurs années, j'ai découvert le stoïcisme il y à peine quelques mois. Ma première rencontre avec le stoïcisme s'est faite par le biais de *La semaine du stoïcisme*, en 2013. Je fus immédiatement inspiré par les pensées des stoïciens antiques et j'ai découvert que je partageais un grand nombre de leurs idées sur la manière de mener une vie heureuse.

Quelques mois avant cet événement, je suis devenu père pour la première fois. Cela a complètement chamboulé ma vie. J'ai toujours été très actif et je m'intéresse à de nombreuses choses aux quelles j'aime consacrer du temps. Même lorsque je ne travaillais pas à temps plein, les journées n'étaient jamais assez longues pour que je parvienne à bout de ce que j'avais envisagé de faire. Avoir un enfant m'a forcé à changer considérablement la façon dont je vivais ma vie. Du jour au lendemain, j'ai dû dédier le plus clair de mon temps libre à m'occuper de mon fils, ce qui fut extrêmement difficile à gérer.

C'est lorsque j'essayais de l'endormir que j'étais le plus frustré. Mon fils avait du mal à s'endormir (et c'est toujours le cas aujourd'hui). Cela pouvait prendre plus d'une heure d'acharnement pour qu'il trouve le sommeil. Pendant ce temps-là, je devais le bercer tout en marchant, faute de quoi les pleurs reprenaient. Je me souviens avoir pensé des choses comme : « Tu ne voudrais pas juste t'endormir ? Je n'ai pas de temps à perdre ! Je veux pouvoir faire telle et telle chose ! », et le même type de pensées me venait à l'esprit alors que je remplissais toute autre tâche parentale. Je voulais passer du temps avec mon fils, là n'était pas le problème, mais je souhaitais également me consacrer à tout un tas d'autres choses ; les deux étaient cependant incompatibles.

Lors de mon initiation, je me suis rendu compte que je pouvais mettre en pratique les enseignements du stoïcisme pour mieux vivre cette nouvelle situation. Les trois principes qui m'ont le plus inspirés sont les suivants (je paraphrase et interprète ici les idées des stoïciens) :

Mieux vaut ne pas consacrer de temps à se soucier de ce qui échappe à notre contrôle ;

Le plus important dans la vie est d'être vertueux ;

Quel que soit le rôle que nous ayons reçu, nous devons essayer d'y exceller.

Concernant le premier point, il m'est très vite apparu qu'il y avait plusieurs éléments dans cette situation qui échappaient à mon contrôle. Tout d'abord, il est vrai que j'avais un fils dont je devais m'occuper. Ensuite je ne pouvais pas réguler son temps de sommeil, ni les horaires auxquels il s'endormirait et se réveillerait. Enfin, j'avais effectivement moins de temps pour mes activités personnelles. Aucun de ces facteurs ne dépendait de moi et je comprends désormais que je ne pouvais *que* me rendre malheureux en ressassant combien je trouvais tout cela injuste ou en souhaitant qu'il en soit autrement.

J'ai également très vite remarqué une vertu que j'ai par la suite voulu développer et pour laquelle j'avais beaucoup de temps à consacrer : *la patience*. À chaque fois que mon fils ne parvient pas à s'endormir en temps voulu et que je pense à tout ce dont j'aimerais m'adonner, je me rappelle que c'est là l'occasion idéale de développer ma patience. Je suis en fait assez patient dans un grand nombre de situations et je considère que c'est une très grande qualité. C'est pourquoi je suis reconnaissant d'avoir encore plus d'occasions de la développer. D'après moi, cela reprend ce que pensait Épictète lorsqu'il disait : « Au lieu de chercher à ce que les choses se déroulent comme tu le souhaites, souhaite plutôt que les événements soient telsqu'ils sont et ta vie se déroulera sans heurt », (*Manuel*, Chapitre I.8.). Plutôt que de vouloir m'occuper de mes activités personnelles, je suis reconnaissant d'en être là car je peux dorénavant m'adonner à cultiver la vertu.

Le fait d'exceller, quel que soit le rôle que nous ayons reçu, est un autre concept stoïcien qui m'a inspiré. J'ai essayé d'imaginer comment devraitêtre un père parfait et il m'est clairement apparu que tel père devrait être là pour son fils lorsque celui-ci en a besoin et qu'il ne devrait pas se plaindre d'avoir à passer trop de temps avec son enfant. Cette réflexion m'a aidé à réaliser ce que cela signifie d'élever un enfant et à me lever en pleine nuit afin de le bercer pendant une heure.

Désormais, mon fils a grandi et nous passons de meilleures nuits. Cependant, nous avons de nouvelles tâches parentales qui nous prennent davantage de temps. Je ne peux pas dire que je ne pense jamais à toutes les autres activités aux quelles je pourrai me consacrer, mais je profite très certainement plus de mon rôle de père qu'il y a quelques mois. Je dois toujours garder à l'esprit que la patience est une vertu que j'aime développer et qu'il n'y a aucune bonne raison de se plaindre des choses qui ne dépendent pas de moi.

Cependant, j'en suis arrivé à souvent apprécier de rester assis calmement en attendant que mon fils s'endorme.

Valoriser le cheminement

Matt Van Natta

Un nombre croissant de preuves montre que féliciter les enfants sur des qualités telles que l'intelligence ou les aptitudes sportives est contre-productif quant au fait de les encourager dans leur réussite. Ces compliments, même bien intentionnés, peuvent souvent mener un enfant à penser que certains aspects de leur vie sont figés (« Je suis bon à ça mais nul à ça »), comme le défend Katrina Schwartz dans un article. Si un enfant intériorise l'idée selon laquelle, pour toute chose, il est forcément bon ou mauvais dans tel domaine, cela a moindrit en lui la détermination qui est nécessaire pour apprendre, développer et finalement maîtriser une compétence. Heureusement, le stoïcisme offre un point de vue et des exercices venant compléter ces découvertes afin que nos enfants évitent les écueils d'une situation similaire à celle décrite ci-dessus.

***

> « L'essentiel est de valoriser le procédé dans lequel ils s'engagent et non pas le fait qu'ils soient intelligents ou doués dans tel domaine. Il leur faut affronter les difficultés, recourir à diverses stratégies et s'y tenir pour finalement atteindre leurs objectifs ». Carol Dweck, professeur de psychologie, Stanford.

Les recherches de Carol Dweck montrent que les compliments adressés aux enfants devraient intervenir lors du procédé d'apprentissage plutôt qu'à l'annonce du résultat. En d'autres termes, félicitez vos enfants pour leur prise d'initiative et encouragez leurs efforts afin d'éviter toute frustration pour qu'ils puissent alors surmonter les obstacles qui se dressent devant eux. Rappelez-leur que l'échec fait partie de l'apprentissage et aidez-les ensuite à élaborer de nouvelles stratégies qui leur permettront d'atteindre leurs objectifs. Ne vous exclamez pas simplement : « Bien joué, tu as trouvé la bonne réponse ! », et ne lui dites surtout pas : « Qu'est-ce que tu es intelligent ! » sans aller plus au-delà.

Historiquement, le stoïcisme a toujours regardé d'un mauvais œil ces mêmes compliments que Carol Dweck déconseille d'utiliser. Habituellement, les stoïciens ne tiennent pas non plus ce genre de propos : « Tu es excellent dans tel domaine ! ». Voici par exemple la définition qu'Épictète donne de quelqu'un qui « réussi » en matière de stoïcisme :

> « L'excellence est visible chez quelqu'un lorsque celui-ci ne censure personne, ne critique personne, n'accuse personne, ne prétend pas être qui que ce soit ou connaître qui que ce soit et ne se vante pas de quoi que ce soit. Face à un obstacle ou un désagrément, quel qu'il soit, il s'accuse lui-même, si quelqu'un le complimente il rit en secret de cette personne et si quelqu'un le censure il ne se défend pas. »Epictète, *Le Manuel*, 48.

Pour les stoïciens antiques, la flatterie n'avait aucune utilité. Marc Aurèle l'exprime ainsi :

> « Une chose qui est belle, de quelque manière que ce soit, est belle en elle-même et cette beauté se suffit à elle-même. Les compliments n'ont aucune part à cette beauté. Y-a-t-il quoi que ce soit qui soit beau grâce à des compliments, ou moche à cause des critiques ? » Marc Aurèle, *Pensées pour moi-même*, 4.20.

Bien sûr, les louanges qu'entendait Marc Aurèle à la cour romaine n'étaient pas seulement inutiles, d'un point de vue philosophique, elles étaient aussi utilisées dans le but de manipuler un individu. La flatterie était politique, vouée à influencer les gens dans un sens ou dans l'autre. Nous pouvons tout de même espérer que les compliments des parents sont bien intentionnés mais, comme nous l'avons vu, un compliment mal dirigé peut causer des dégâts.

En contraste avec le contexte de l'Antiquité, la perspective offerte par la « valorisation du procédé » recommandée par Carol Dweck s'intègre parfaitement au système de pensée stoïcien. Dans *Pensées pour moi-même* (10.33), Marc Aurèle émet une rare remarque positive sur les éloges : « [...] l'homme devient à la fois meilleur et plus digne de louange lorsqu'il fait bon usage de ces accidents-là. ».

Ces « accidents » évoqués par Marc Aurèle sont les malheurs de la vie. Qu'est-ce que voudrait bien complimenter l'Empereur ? La capacité d'une personne à bien réagir face aux circonstances. Il ne vous félicitera pas pour votre intelligence « naturelle », votre force physique ou votre beauté, mais il vous acclamera pour la sagesse de vos actions. Pour les stoïciens, la sagesse ne fait pas partie intégrante d'un individu (et nous ne la possédons pas en quantité fixe) mais représente plutôt la façon dont nous abordons les circonstances. La sagesse est le procédé même qui permet de bien vivre : le plus important est la manière dont nous faisons les choses. Et cela vaut la peine de valoriser ce procédé.

***

En dehors de la valorisation de ce procédé, quels exercices spécifiques stoïciens pouvons-nous, parents, faire avec nos enfants pour leur apprendre à aborder les choses avec détermination et ténacité ? Voici une proposition d'Épictète :

> « Ne laisse pas tes yeux fatigués se fermer avant d'avoir relu ta journée à travers ces questions : Qu'ai-je mal fait ? Qu'ai-je accompli ? Et qu'est-ce qu'il me reste à faire ? Relis ta journée depuis le début jusqu'à la fin, et repens-toi pour tes mauvaises actions ou pour tes lâchetés, mais réjouis-toi pour ce que tu as fait de bien ». Epictète, *Entretiens*.

Cette citation encourage la pratique d'un exercice stoïcien appelé « la méditation du soir ». Plusieurs d'entre nous pratiquons ce cheminement intérieur chaque soir avant de nous coucher. Je propose de recourir à cette méditation lors des dîners en famille.

La méditation du soir consiste à répondre à trois questions : Qu'ai-je fait aujourd'hui ? Qu'ai-je mal fait ? Quelles sont les choses que je n'ai pas achevées ? La Professeure Carole Dweck pense que « les familles devraient se rassembler au dîner afin de discuter des difficultés de la journée et d'envisager de nouvelles stratégies pour faire face aux problèmes. Dans la vie, personne ne peut être parfait, et apprendre à considérer les petits échecs comme des expériences enrichissantes ou comme des opportunités permettant de se développer pourrait être la plus importante de toutes les leçons ». En tant que parents stoïciens, nous pouvons mettre en pratique cette idée et ainsi progresser dans notre philosophie. Lorsque que toute la famille se réunit à l'heure du dîner et que nous nous sommes probablement déjà demandé ce que nous avions fait dans la journée, je propose que nous ajoutions deux autres questions : « Quelles ont été vos difficultés et vos réussites d'aujourd'hui ? » et « Que vous reste-t-il à faire demain ? ». Nous pouvons ainsi partager les triomphes quotidiens de nos enfants et également parler avec eux de nos propres défis afin de leur faire comprendre qu'ils devront se confronter, un à moment ou à un autre, aux aléas de la vie. Ainsi, nous pouvons planifier en famille des stratégies à adopter pour surmonter toutes épreuves. Cette méthode permettra à nos enfants et à nous-même de nous amener à comprendre et à apprécier le procédé d'apprentissage, ce qui les rendra d'autant plus forts.

Les compliments sont importants. Les enfants ont besoin de retours sur leurs faits et gestes afin de les aider à comprendre le monde qui les entoure. Cependant, les recherches montrent que c'est la manière dont nous complimentons les autres qui importe réellement. Comme le faisaient les stoïciens de l'Antiquité, nous pouvons glorifier ce qui mène à la sagesse et, de fait, aider nos enfants à progresser.

Références
Schwartz, K., *Giving Good Praise to Girls: What Messages Stick*

http://blogs.kqed.org/mindshift/2013/04/giving-good-praise-to-girls-what-messages-stick/

L'enseignement et le contrôle stoïciens

Michael Burton

La notion stoïcienne du contrôle est l'idée qu'il existe essentiellement trois types d'événements qui peuvent survenir dans la vie d'un individu : ceux que nous contrôlons pleinement, ceux sur lesquels nous avons un certain contrôle, et enfin ceux sur lesquels nous n'avons aucune emprise. Les stoïciens nous apprennent que le secret de la tranquillité tient à notre capacité à identifier quel type d'événements se présentent à nous dans notre quotidien et, plus important, à nous préoccuper uniquement des deux premiers types d'événements. En appliquant la notion stoïcienne du contrôle à l'enseignement, je défendrai l'idée que les éducateurs auraient tout à gagner à mieux comprendre ce qu'ils peuvent contrôler (la manière dont ils enseignent), ce qu'ils peuvent partiellement contrôler (l'apprentissage des étudiants en soi), et ce qui échappe à leur contrôle (l'attitude des élèves face à l'apprentissage).

Commençons par ce dernier point. Nous devons reconnaître et accepter que certaines choses ne dépendent pas de nous. C'est particulièrement vrai pour un professeur : il n'a aucune emprise sur l'attitude qu'adoptent les étudiants vis-à-vis de leurs études. En arrivant dans la salle de classe, un élève a eu des années pour se positionner face à l'enseignement, et certaines attitudes sont parfois plutôt négatives. Vous pouvez bien sûr espérer que votre manière d'enseigner amène de telles attitudes à évoluer, mais vous ne devriez pas vous raccrocher à cet espoir car cela ne dépend pas de vous. Vous ne pouvez pas influencer les pensées, le comportement ou les émotions de quelqu'un d'autre tant qu'il refuse d'entendre ce que vous avez à dire. Dans l'idéal, l'apprentissage est un procédé basé sur la réciprocité et qui nécessite, pour réussir, d'être composé d'un élève et d'un professeur tous deux motivés. Essayez d'enseigner quoi que ce soit à un élève qui ne voit pas l'utilité d'apprendre et vous rencontrerez, au mieux, un succès limité.

Reconnaître que les professeurs ne sont pas en mesure de

contrôler l'état d'esprit des élèves permet à ces premiers de se concentrer sur les bonnes questions à poser et sur les bons types de cours à élaborer afin de permettre aux élèves d'en tirer un meilleur profit. C'est là quelque chose que les professeurs peuvent réellement contrôler. Le plus important est d'aborder les élèves avec des cours et des idées qui, en plus de les intéresser, seront capables de prouver leur valeur intrinsèque. En effet, tout professeur doit être convaincu que ce qu'il enseigne est essentiel à la croissance individuelle de ses élèves, une idée qu'il doit savoir transmettre avec passion. L'apprentissage devient alors contagieux. Bien que l'état d'esprit de nos élèves vis-à-vis des études ne dépende pas de nous, nous pouvons tout de même contrôler le fond et la forme de ce que nous enseignons. En adoptant la bonne approche et en faisant preuve d'une réelle passion, nous pouvons espérer que nos étudiants changent d'attitude et comprennent l'importance de leur éducation.

Malgré cela, même un enseignant très intéressant, motivé, passionné et capable de montrer aux étudiants la valeur intrinsèque de l'apprentissage peut parfois échouer. De même, il serait naïf pour un enseignant de croire qu'il est capable de répondre aux besoins éducatifs propres à chaque étudiant de sa classe. Il est tout simplement impossible d'éduquer efficacement chaque étudiant que vous rencontrerez au long de votre carrière. Malgré tous vos efforts, il y aura malheureusement toujours certains élèves qui n'apprécieront pas la valeur de ce que vous essayez de leur transmettre. Face à cela, vous pourriez conclure, comme beaucoup d'autres le font lorsqu'ils quittent la salle de cours, que votre carrière de professeur est un échec. Mais est-ce vraiment le cas ?

En fin de compte, l'activité d'un enseignant est comparable à celle d'un docteur. Peut-on vraiment tenir le médecin pour responsable de la mauvaise santé de son patient lorsqu'il prescrit le meilleur traitement qui soit, qu'il a tout fait dans les règles de l'art, et que le patient n'a aucune considération pour ses conseils et continue à vivre en totale contradiction avec ces recommandations ? Vous pouvez donc arriver en classe avec toute la passion et tout l'enthousiasme du monde, vous échouerez toujours à convaincre quelques étudiants que vos méthodes valent réellement la peine. Au final, le choix d'étudier dépend des étudiants et non du professeur, tout comme celui de mener une vie saine dépend du patient et non du docteur. Malheureusement, de nombreux étudiants n'ont pas conscience que leur choix de ne pas accorder d'importance ou de valeur à leur éducation peut avoir des effets négatifs sur le longterme. Mais ceci est un problème inhérent au système éducatif qui dépasse les limites de cetarticle.

Pour conclure, les enseignants n'ont aucun contrôle sur l'attitude que les élèves adoptent envers leurs études mais contrôlent partiellement l'apprentissage des étudiants en soi et contrôlent pleinement ce qu'ils enseignent ainsi que leur façon de faire. En prenant conscience de tout cela, les professeurs peuvent se libérer un peu de l'angoisse qu'ils ressentent lorsqu'il s'agit d'éveiller l'attention de tous les élèves devant lesquels ils se trouvent. Cependant, il est important de comprendre que cela n'implique pas que les enseignants négligent leurs devoirs et leurs responsabilités professionnelles. Il s'agit simplement de nous focaliser sur ce qui dépend de nous et sur ce que nous pouvons contrôler : déployer tous nos talents pour communiquer à nos élèves notre passion, notre enthousiasme et nos connaissances concernant notre matière et faire de notre mieux pour transmettre la valeur de ce que nous enseignons afin de donner le plus de chances possible à nos étudiants de comprendre qu'il y a des choses qui valent la peine d'être apprises et que les connaître peut enrichir notre vie.

Le reste échappe à notre contrôle et nous ne devons pas laisser ces choses-là influencer notre façon d'enseigner. Selon Marc Aurèle :

> « Malgré tout ce que peuvent dire ou faire les autres, émeraude je suis et émeraude je resterai, gardant ma couleur inchangée, fidèle à mon rôle. » Marc Aurèle, *Pensées pour moi-même*, 7.15

Introduire la philosophie pratique dans les salles de classe

Jules Evans

J'adorerais qu'il y ait plus de philosophie pratique dans les écoles. Actuellement, l'enseignement de l'éthique et de la philosophie dans les lycées et les universités est presque exclusivement théorique. Les étudiants apprennent que la philosophie consiste à comprendre ou à débattre de concepts et de théories et qu'elle concerne uniquement l'intellect et non nos émotions, nos actions ou notre vie en dehors de la salle de classe.

Ceci est une conséquence de l'extraction de la psychologie du domaine de la philosophie qui a eu lieu au début du XXème siècle. La philosophie s'est ainsi coupée de la question centrale et grandement pratique du « comment bien vivre ». Ce vide éthique fut comblé par la psychologie, et d'autant plus par la pharmacologie.

Ironiquement, la thérapie psychologique qui se base le plus sur des preuves matérielles (Thérapie cognitivo-comportementale) est directement inspirée par la philosophie grecque antique et reprend beaucoup de ses idées et de ses techniques. La TCC a pris le relais de ce que la philosophie moderne avait délaissé, c'est-à-dire essayer d'aider les gens ordinaires à être plus heureux. Il lui manque cependant l'éthique, les valeurs et la dimension vertueuse qu'avait la philosophie antique.

La philosophie et la psychologie ont besoin l'une de l'autre. La philosophie sans la psychologie est comme un ordinateur, coupé des émotions, des actions et des habitudes de la vie. La psychologie sans l'éthique est comme un poulet sans tête, entièrement concentré sur sa course, sans avoir une idée précise de son objectif. La philosophie pratique permet de combler le vide entre les méthodes issues de la psychologie, basées sur des preuves matérielles, et la dialectique socratique, issue de la philosophie.

Lorsque je souffrais d'anxiété sociale et de dépression au lycée, j'aurais aimé que quelqu'un me parle du stoïcisme et m'explique l'idée selon laquelle mes émotions sont liées à mon état d'esprit et à mes opinions, et que nous pouvons transformer nos sentiments en modifiant notre jugement. L'on m'aurait peut-être également expliqué que la TCC avait récupéré des idées issues du stoïcisme et qu'elle les avait mises en pratique. Au lieu de cela, j'ai dû le faire par moi-même, ce qui m'a pris plusieurs années dont je ne garde pas particulièrement un bon souvenir. Lorsque j'ai enfin découvert la philosophie antique, cela m'a énormément aidé.

Et je ne suis pas un cas isolé. John Lloyd, le créateur de *Blackadder and QI*, était un garçon brillant à l'école mais n'avait pas appris à s'attarder sur ce qu'est une bonne vie ou sur la façon dont ses pensées forment sa réalité subjective. Il s'en est rendu compte dans sa trentaine, par lui-même, à travers la philosophie et après cinq ans de dépression.

Désormais, il s'exprime ainsi : « Je pense que chaque enfant devrait apprendre la philosophie stoïcienne. » (cf. « Conversation avec John Lloyd », Partie VIII). Faire du stoïcisme une partie intégrante du programme scolaire est un souhait plutôt ambitieux. Mais ne serait-il pas incroyable qu'une certaine philosophie pratique soit enseignée et qu'un quelconque indice montrant aux élèves que la philosophie peut concrètement améliorer leur vie ressorte de leur éducation ?

Si vous êtes enseignant et que vous voulez créer un cours ou un club de philosophie sur le stoïcisme, voici huit idées clés que, pour ma part, j'aurais bien aimée ntendre lorsque j'étais sur les bancs de l'école.

1) Ce qui trouble les hommes, ce ne sont pas les choses elles-mêmes mais le jugement qu'ils en ont

Les gens pensent souvent que « être stoïcien » signifie « serrer les dents et ignorer nos émotions ». Ce n'est pas ce que proposait le stoïcisme antique. Les stoïciens pensaient que l'on pourrait transformer nos émotions en comprenant mieux la façon dont elles sont reliées à notre état d'esprit et à nos croyances. Le titre de ce premier point, une citation du philosophe Épictète, est très percutant et pragmatique, et a été la principale source d'inspiration de la TCC. Bien souvent, ce qui trouble les Hommes, ce ne sont pas les choses elles-mêmes mais le jugement qu'ils en ont. Selon l'état d'esprit avec lequel nous l'abordons, nous pouvons aggraver une situation déjà difficile. Il ne s'agit pas pour autant de « penser positif » sans arrêt mais simplement d'être plus conscient de la façon dont notre état d'esprit et nos jugements créent notre réalité émotionnelle. Nous ne nous rendons pas compte que, la plupart du temps, c'est nous-même, par nos propres pensées, qui nous infligeons ces souffrances. Avez-vous déjà remarqué que, face à un même événement, plusieurs personnes peuvent réagir très différemment, que certains sombrent rapidement dans le découragement tandis que d'autres ne s'en font pas du tout ? Nous pouvons peut-être apprendre à réagir aux événements qui se présentent à nous avec plus de souplesse et de sagesse.

2) Nous n'avons souvent pas conscience de nos propres jugements. C'est en nous posant des questions que nous pourrons y parvenir

D'après Socrate, nous vivons comme des somnambules, sans savoir comment nous vivons ni sans jamais nous demander si ce que nous pensons de la vie est juste ou sage. De même, la TCC suggère que nous puissions avoir de nombreux penchants cognitifs : plusieurs de nos convictions les plus profondes, sur nous-mêmes et sur le monde, pourraient être à la fois fausses et dévastatrices. Nous supposons pourtant qu'elles sont forcément vraies. La façon de conscientiser nos jugements inconscients consiste simplement à se poser une série de questions. Pourquoi ai-je une réaction émotionnelle si forte ? Quel est le jugement ou quelle est la représentation qui en est responsable ? Ce jugement est-il avéré ? Qu'est-ce qui le prouve ? Nous pouvons prendre l'habitude de nous interroger afin d'examiner nos premières impressions. Les stoïciens utilisaient des cahiers pour garder une trace de leurs réactions spontanées et les examiner. La TCC utilise une méthode similaire. Vos élèves pourraient éventuellement tenir un « cahier stoïcien » pendant une semaine.

3) Nous ne pouvons pas contrôler tout ce qui nous arrive, mais nous pouvons contrôler notre réaction

Voici une autre notion, très simple et très forte, propre aux stoïciens, qu'Épictète, l'esclave-philosophe, présente très bien. Il divise tout ce que peut vivre l'homme en deux catégories : les choses que nous pouvons contrôler et celles qui échappent à notre contrôle. Par exemple, nous ne pouvons pas contrôler les autres personnes, le temps qu'il fait, l'économie, notre corps, notre santé, notre réputation, les choses du passé et du futur. Nous pouvons influencer ces choses-là, mais pas les contrôler entièrement. Les seules choses qui dépendent vraiment de nous, si tant est que nous choisissions d'exercer ce contrôle-là, sont nos principes. Mais nous essayons souvent de contrôler complètement des choses extérieures et nous sentons peu à l'aise et coléreux lorsque nous échouons. Ou alors, nous n'arrivons pas à assumer la responsabilité de nos propres pensées et principes et nous cherchons des excuses dans ce qui nous entoure. Se concentrer sur ce que l'on contrôle est un moyen très efficace de réduire son anxiété et d'affirmer son autonomie dans des situations chaotiques. Ce qu'ont vécu Viktor Frankl, survivant de l'Holocauste, et Sam Sullivan, l'ancien maire de Vancouver, illustre parfaitement cette idée. Ils ont tous deux été confrontés à des épreuves difficiles mais, en les affrontant, ont découvert une forme d'autonomie (cf. article de Stephen J. Costello, « Aperçu de l'influence du stoïcisme sur la logothérapie développée par Frankl » dans Partie VI, et l'article de Jules Evans « Le maire stoïcien » dans Partie IV).

4) Choisir son point de vue avec sagesse

À chaque moment de la journée, nous pouvons choisir comment aborder notre vie, à la manière d'un réalisateur de film choisissant son cadrage. Sur quoi allez-vous vous focaliser ? Quel sera votre vision sur la vie ?

Une grande partie de la sagesse du stoïcisme se résume à choisir soigneusement le point de vue que l'on adopte. La « mise en perspective » est l'un des exercices pratiqués par les stoïciens : si vous vous sentez oppressés par des soucis anodins, projetez-vous mentalement dans l'espace et imaginez l'immensité de l'univers. Depuis cette perspective cosmique, vos contrariétés ne sembleront plus aussi importantes et vous aurez réussi à ne pas en avoir fait toute une montagne. Lorsqu'ils sentaient qu'ils étaient trop préoccupés par l'avenir ou qu'ils ressassaient trop le passé, les stoïciens utilisaient une autre technique (qu'employaient également les bouddhistes et les épicuriens) : reporter son attention sur le moment présent. Comme l'a dit Sénèque à un ami : « Quel est l'intérêt de traîner des souffrances qui ne sont plus et d'être malheureux dans le présent parce qu'on l'a été par le passé ? »

5) Le pouvoir des habitudes

L'une des choses que les stoïciens ont compris, et que beaucoup de philosophies modernes (et d'études religieuses) ont manqué en se concentrant sur la théorie, est l'importance accordée à la pratique, à l'entraînement, à la répétition, en bref, aux habitudes. La théorie que vous professez en salle de classe ne vaut rien si vous ne la concrétisez pas dans votre manière de penser et d'agir au quotidien. Parce que nous sommes des créatures dotées d'une pauvre mémoire, nous avons besoin de répéter les mêmes idées encore et encore, jusqu'à ce qu'elles s'enracinent en nous et deviennent des habitudes. Il pourrait être utile d'évoquer la pratique stoïcienne de la maxime, qui permettait aux stoïciens de condenser leurs idées en de très brèves phrases, faciles à retenir, ou sous forme de proverbes (comme par exemple : « tout est dans la modération » ou « la meilleure vengeance est de ne pas agir de la même façon ») qu'ils se remémoraient en cas de besoin. Les stoïciens gardaient également à portée de main de petits carnets contenant certaines de leurs maximes favorites. Quelles sont les citations qui vous inspirent ? Où pourriez-vous les retranscrire pour pouvoir vous les remémorer à tout moment ?

6) Sur le terrain

Une autre chose que les stoïciens ont comprise, et qui échappe souvent à la philosophie moderne, est l'idée du travail de terrain. L'une de mes citations préférées d'Épictète est la suivante : « Nous avons beau être à l'aise en classe, dès que nous passons à la pratique, nous échouons lamentablement ». La philosophie ne peut pas se contenter d'être seulement théorique et d'en rester aux beaux discours : elle doit également être ascétique (*askesis*) et pratique. Lorsque l'on essaie d'avoir meilleur caractère, on doit s'entraîner à ne pas disjoncter. Lorsque l'on cherche à mieux manger, on doit s'entraîner et s'habituer à manger plus sainement. Selon Sénèque : « Le stoïcien voit toute difficulté comme une occasion de s'entraîner ». J'adore ce moment dans *Fight Club* où les étudiants de l'école de Tyler Durden sont envoyés dans la rue pour faire leurs devoirs (même si les devoirs qu'ils ont à faire sont un peu... disons inappropriés, comme par exemple lorsqu'ils doivent intentionnellement perdre une bagarre). Imaginez si la philosophie nous donnait aussi des devoirs de rue faits sur mesure pour nous aider à perdre ou à renforcer telles ou telles habitudes, et qui nous permettraient par exemple de nous entraîner à inviter une fille à un rendez-vous, à ne pas raconter des ragots sur nos amis ou à être gentil avec quelqu'un dans notre quotidien. Imaginez si les gens ne voyaient plus la philosophie comme étant juste du « blabla ». Diogène le Cynique a poussé l'*askesis* jusqu'à l'extrême en vivant dans un tonneau pour prouver à quel point nous avons besoin de peu pour être heureux. Et en général, les étudiants aiment bien les histoires qui le concernent.

7) La vertu suffit au bonheur

Tous les points que nous avons évoqués précédemment sont assez neutres d'un point de vue éthique, c'est pourquoi la TCC a pu se les approprier et les transformer en thérapie scientifique. Mais le stoïcisme n'était pas seulement une thérapie de développement personnel, c'était une morale qui avait une définition précise de ce qu'est une vie prospère. Le but de la vie pour les stoïciens antiques était de vivre en accord avec la vertu. Ils croyaient qu'une vie prospère n'était pas due à ce qui nous est extérieur, comme la richesse ou la puissance, mais à *ce qui est juste.*

Il serait alors possible d'être toujours heureux, parce que faire ce qui est juste est toujours en notre pouvoir et que cela ne dépend pas des hasards du destin. C'est une philosophie certes exigeante, mais qui est également avérée à bien des égards, dans la mesure où faire ce qui est juste dépend effectivement toujours de nous. Dans ce contexte, de quoi aurions-nous crainte ?

À ce stade, vos étudiants voudront peut-être prendre le temps de réfléchir aux bons et mauvais aspects de cette définition de ce qu'est une vie prospère. L'on se focaliserait trop sur la vie personnelle ? Y aurait-il des choses extérieures à nous-même qui pourraient aussi sembler nécessaires à une vie prospère, comme par exemple le fait d'avoir des amis ou de vivre dans une société libre ? Pouvons-nous vivre cette vie prospère même dans les moments où nous ne sommes pas libres ou lorsque nous n'avons pas beaucoup d'amis ? Quel est le plus important dans la vie d'après vos élèves ?

8) Nos obligations éthiques envers notre communauté

Les stoïciens furent les pionniers de la théorie du cosmopolitisme, c'est-à-dire l'idée selon laquelle nous avons des obligations éthiques, non seulement envers nos amis et notre famille, mais aussi envers notre communauté au sens large, et même envers toute la communauté humaine. Nos obligations peuvent parfois être contradictoires : celles envers nos amis et notre pays, ou entre notre gouvernement et notre conscience (par exemple, aurions-nous résisté aux nazis si nous avions grandi en Allemagne dans les années 1930 ?). Avons-nous vraiment des obligations morales envers les gens qui vivent à l'autre bout du monde ? Et qu'en est-il des autres espèces, ou des générations futures ? Comme l'a suggéré Martha Nussbaum, l'exercice stoïcien des « cercles d'élargissement » peut nous être utile face à ces questions : il s'agit d'imaginer toutes les communautés auxquelles nous appartenons, en allant de la plus petite à la plus large.

PARTIE VI

LE STOÏCISME ET LA PSYCHOTHÉRAPIE

Le stoicism s'avère-t-il efficace ?
Le stoïcisme et la psychologie positive

Tim LeBon

Introduction

Le stoïcisme n'est pas uniquement une théorie, il représente également un ensemble de pratiques dont l'objectif est d'aider les individus à mener une vie meilleure. Il est indispensable de se demander si ces pratiques atteignent effectivement leur objectif. C'est de toute évidence grâce aux méthodes scientifiques relatives à la psychologie que nous pourrons apporter une réponse à cette question. Dans cet article, je présenterai le travail de l'équipe de *Vivre le Stoïcisme Aujourd'hui* afin d'utiliser ces méthodes psychologiques et ainsi ouvrir de nouvelles voies à la recherche. Au cours des quinze dernières années, nous avons assisté à l'évolution de la psychologie positive, une branche de la psychologie dont l'objectif premier est d'amener une explication scientifique aux aspects positifs de la vie et aux façons de les mettre en valeur. J'argumenterai également le fait que la psychologie positive pourrait devenir une discipline plus complète et rationnelle si elle assimilait des idées stoïciennes.

La psychologie positive

Depuis sa création en 1988, la psychologie positive a été l'objet de nombreux livres, articles, expériences et conférences. Alors que les philosophes et les auteurs d'ouvrages de développement personnel ont, et ce depuis longtemps, émit des hypothèses sur la façon dont un individu devrait se comporter, la psychologie positive propose désormais des activités programmées (ou« interventions ») testées scientifiquement (par exemple, demander à un individu de planifier une activité dans le but d'évaluer, avant et après l'entremise, l'état de bien-être de chacun). L'on doit déjà d'importantes découvertes à la psychologie positive, parmi lesquelles se trouvent :

- Le bonheur et les émotions positives telles que la joie, la fierté, l'amour et l'émerveillement n'ont pas seulement un caractère agréable, elles ont aussi des conséquences positives, notamment sur la santé, la longévité, la créativité et l'altruisme ;

- La *zone* (ou *flow*) est un élément important pour le bien-être ; il s'agit de l'état dans lequel une personne se trouve immergée dans une activité. Cette *zone* se différencie du sentiment de plaisir dans le sens où vous ne ressentez pas réellement quoi que ce soit lorsque vous êtes absorbés dans une tâche ;

- Il est également possible d'entretenir différentes *attitudes* positives qui vous sont bénéfiques, notamment l'espoir, l'optimisme, la gratitude et le fait de développer un état d'esprit« ouvert » (c'est-à-dire la conviction que les capacités de chacun ne sont pas figées). Il a été prouvé que ces attitudes étaient bénéfiques pour la santé, la performance professionnelle et scolaire, l'estime de soi et la résistance face aux événements de la vie ;

- Différents *comportements* positifs pouvant vous être bénéfiques ont également été identifiés, notamment le fait de déterminer et d'utiliser vos atouts ou encore d'effectuer des actes de bienveillance ;

- Il a également été prouvé que plusieurs interventions sommaires avaient eu des conséquences favorables sur le bien-être à court terme et lors du suivi semestriel. À l'inverse, d'autres interventions plausibles n'ont pas engendré ces effets positifs sur le long terme.

Cela confirme alors que l'étude de la psychologie positive et l'application de ses découvertes sur soi-même, au sein d'organisations ou dans le domaine de l'éducation peut agir en faveur du bien-être. Le lecteur intéressé trouvera de plus amples explications relatives à la psychologie positive dans mon livre *Achieve Your Potential with Positive Psychology* (Hodder, 2014).

Philosophie et psychologie positive

Bien que ces progrès soient les bienvenus, il existe d'autres questions philosophiques essentielles auxquelles soumettre la psychologie positive, parmi lesquelles figurent :

- Concrètement, qu'est-ce que le bien-être et quelle est la différence entre celui-ci et des termes étroitement liés tels que le bien-être subjectif, la prospérité, le plaisir, la joie et le bonheur ?

- La psychologie positive souligne les idées de « se sentir bien » et de « faire le bien ». Mais quelle est la place de la vertu, c'est-à-dire l'idée d'« être bon », dans cette forme de psychologie ?

- Une attitude et un comportement positifs peuvent-ils nous porter préjudice s'il sétaient adoptés par un individu peu vertueux ? Par exemple, que penseriez-vous si un terroriste utilisait la force qui en découle ?

- La sagesse est-elle, comme le pensait de nombreux philosophes antiques, une vertu importante ? N'est-il pas important d'utiliser ces qualités avec sagesse plutôt que de simplement faire preuve d'espoir et d'optimisme ?

- Les idées pratiques proposées par certains philosophes tels que les stoïciens et les épicuriens peuvent-elles être expérimentées ?

- Les stratégies philosophiques évaluées de manière empirique peuvent-elles aider les individus à agir de façon plus sage et vertueuse tout en favorisant leur bien-être, et renforçant ainsi la psychologie positive ?

La suite de cet article abordera ces deux derniers points.

Vivre le stoicism aujourd'hui… et le mettre au défi

Le stoïcisme serait une philosophie intéressante à inclure dans la psychologie positive que ce soit pour son aspect thérapeutique et pour son abondance en termes de stratégies précises et évaluables que l'on peut trouver dans les écrits de Marc Aurèle, de Sénèque et tout particulièrement d'Épictète. Menée par Christopher Gill, professeur à l'Université d'Exeter, l'équipe de *Vivre le Stoïcisme Aujourd'hui*, y compris l'auteur de ce chapitre, a commencé à examiner les principes du stoïcisme. Les résultats seront résumés dans cette partie. Pour plus de détails, veuillez-vous référer à l'ouvrage de Tim LeBon (2014a).

Dans une étude datant de 2013, des livrets téléchargeables gratuitement contenant des écrits et des exercices du stoïcisme, dont une grande partie était également disponible en enregistrements audio ont été remis, aux participants choisis parmi le grand public ou parmi les membres de groupes d'intérêts stoïciens. Un blog a également été mis à la disposition de ces participants afin de les encourager à communiquer entre eux à travers les réseaux sociaux. Un programme de médiations et d'exercices mis en place aucours de la *Semaine du stoïcisme* représentait le cœur de cette étude empirique. Chaque jour, un thème différent fut abordé et des médiations étaient organisées matin et soir dans le but de mettre en relation ces thèmes avec des idées stoïciennes plus générales.

Parmi ces différents exercices figuraient :

- Une séance de méditation matinale centrée sur certains principes relatifs au stoïcisme tels que « ne s'intéresser qu'à ce que l'on contrôle » ou « appréhender de futurs défis de la journée à la manière des stoïciens » ;

- Une séance de méditation chaque soir consistant à passer en revue la journée. Cette séance a pour objectif d'évaluer dans quelle mesure ces défis ont été abordés avec un comportement stoïcien et de prendre conscience de ce que chacun a fait de bien sans oublier de développer son intention de mieux faire le lendemain ;

- Des exercices quotidiens relatifs aux thèmes suivants : ce qui est en mon pouvoir, l'autodiscipline et la simplicité stoïciennes, la clause de réserve stoïcienne, la pleine conscience stoïcienne, les émotions et l'adversité, la philanthropie et la mise en perspective ;

- Une feuille de suivi stoïcienne permettant de ne pas perdre de vue ce qui est ou non en notrepouvoir.

Des questionnaires d'enquêtes furent distribués aux participants afin qu'ils estiment leur état de bien-être et leur degré d'implication dans le stoïcisme avant et après l'événement.

Les Conclusions de Vivre le Stoïcisme Aujourd'hui

Nos découvertes soutiennent que le stoïcisme est bénéfique : en cela, il réussit la première épreuve. Ont été constatées chez les participants une amélioration de 14% de la satisfaction de vivre, une augmentation de 9% des émotions positives ainsi qu'une diminution de 11% des émotions négatives.

Ces résultats mettent en évidence les répercussions positives importantes du stoïcisme et dissipent en partie les critiques les plus fréquentes à l'égard de ce courant tel le fait qu'il s'agisse d'une philosophie dénuée de plaisir (l'émotion qui a le plus augmenté chez les participants) ou d'une philosophie trop pessimiste (l'accroissement de l'optimisme ayant été estimé à 18%). De plus, l'étude confirme certaines attentes positives de l'effet du stoïcisme : il encouragerait effectivement la satisfaction et réduirait le sentiment de colère. Les découvertes confirment également que le stoïcisme ne favorise pas uniquement le bien-être mais aussi la vertu : 56% des participants se sont attribués une note de 16/20 lorsque l'on leur a demandé si l'expérience les avaient rendu meilleurs et plus sages.

En plus de mesurer les changements relatifs au bien-être, le projet *Vivre le Stoïcisme Aujourd'hui* a également entrepris d'évaluer la relation entre le bien-être et les attitudes et comportements stoïciens. Pour ce faire, un barème des attitudes et comportements stoïciens a été développé et mis à l'essai. Un questionnaire fut distribué aux participants, en complément de barèmes relatifs à la question du bien-être, de façon à établir la relation entre stoïcisme et bien-être et ainsi permettre d'éventuellement identifier les « éléments actifs » du stoïcisme. Il a été prouvé que la plupart des comportements stoïciens, et, dans une moindre mesure, certaines attitudes stoïciennes, sont liées de manière positive au bien-être. En revanche, il a également été avéré qu'une relation négative existait entre le bien-être et certains comportements et attitudes n'ayant aucun lien avec le stoïcisme, comme faire ce qui nous semble agréable ou confortable plutôt que de faire ce qui est juste.

Les éléments du stoïcisme associés positivement au bien-être sont les suivants :

- La pleine conscience stoïcienne (faire l'effort de porter une attention permanente à la nature de mes jugements et de mes actions) ;

- La contestation stoïcienne de la pensée (se rappeler qu'une pensée perturbatrice n'est qu'une impression présente dans l'esprit et non pas ce qu'elle affirme représenter)

- L'affinité avec autrui (se considérer comme étant un membre de la race humaine de la même façon qu'un membre fait partie du corps humain).

- La préméditation stoïcienne (tenter d'anticiper les désagréments à venir et s'exercer à les surpasser).

Perspectives de recherches

Bien que ces découvertes soient très certainement encourageantes, de nouveaux travaux de recherches seront nécessaires afin d'atteindre les critères scientifiques les plus rigoureux. Les priorités actuelles incluent :

- Des expériences plus rigoureuses et contrôlées. Les résultats seraient renforcés si un système de suivi était établis (par exemple trois ou six mois plus tard) et si des groupes de contrôle étaient mis en place ;

- Un développement plus important du barème des attitudes et des comportements stoïciens. Celui-ci est un outil prometteur à la fois pour mesurer le degré d'adhésion d'un individu aux principes du stoïcisme et son rapport avec le bien-être. Le barème pourrait s'avérer plus utile s'il était affiné à travers, par exemple, la simplification du langage utilisé ou encore de retours complémentaires de la part des individus s'étant identifiés comme stoïciens ;

- Une étude longitudinale des découvertes liées au barème des attitudes et des comportements stoïciens. Ces dernières sont corrélationnelles : elles démontrent une relation entre le bien-être et le stoïcisme. Elles n'attestent cependant pas le fait qu'adopter un comportement plus stoïcien affecte le bien-être. Pour répondre à cela, il nous faudrait comparer les variations du bien-être parmi les participants ayant reçu des instructions spécifiques quant aux différents comportements et attitudes stoïciens à adopter. Cela nous permettrait, par exemple, de pouvoir comparer un premier groupe de participants auquel l'on a demandé d'adopter une pleine conscience stoïcienne à un second groupe à qui l'on a simplement demandé de pratiquer la préméditation stoïcienne.

- L'affinement du matériel utilisé et des programmes mis en place. Il existe une analogie étroite entre l'idée de développer des programmes inspirés du stoïcisme et celle de développer des programmes relatifs à la pleine conscience à partir des principes bouddhistes. Les programmes basés sur la pleine conscience se sont avérés utiles pour limiter la récurrence de la dépression et sont devenus populaires (jusqu'à être utilisés par le National Health Service[5]). Les chercheurs ont fondé ces programmes à partir de certaines pratiques bouddhistes et les ont affectés à des groupes spécifiques. De la même façon, des programmes pourraient être établis afin de répondre à des difficultés particulières qui pourraient tirer profit du stoïcisme (maîtrise de la colère, maladies chroniques telles que le diabèteou les maladies cardiaques coronariennes).

Le stoïcisme dans la psychologie positive

Malgré la nécessité de recherches supplémentaires, je demeure convaincu que l'on a regroupé suffisamment d'arguments pour justifier l'ajout d'exercices stoïciens à la panoplie de techniques fondées sur des données factuelles pouvant développer le bien-être. Dans cette dernière

---

[5] Système de santé publique du Royaume-Uni

partie, j'expliquerai brièvement pourquoi le stoïcisme pourrait apporter une contribution particulièrement utile à la psychologie positive afin d'aider les individus à faire preuve de vertu et de sagesse tout en se sentant bien et en agissant de façon vertueuse.

À travers leur recherche littéraire, les professionnels de la psychologie positive ont découvert six vertus dont quatre primordiales relatives à la Grèce antique (la sagesse, le courage, la maîtrise de soi et la justice). Cependant, alors que les stoïciens et autres penseurs grecques et romains considéraient que l'ensemble de ces vertus était indispensable à une vie prospère, les professionnels de la psychologie positive encouragent plutôt les individus à identifier leurs atouts et à tirer profit des meilleurs d'entre eux. Les atouts sont des vertus plus spécifiques et concrètes ; la vertu de sagesse, par exemple, a été divisée en plusieurs atouts que sont la créativité, la curiosité, le jugement, le plaisir d'apprendre et la perspective. Il a été prouvé qu'utiliser ses atouts différemment permettait de stimuler son sentiment de bien-être ; qu'il s'agisse de la méthode la plus efficace pour rendre un individu plus vertueux n'est cependant pas avéré. Il existe néanmoins une forte présomption suggérant que la vertu exige, au contraire, que l'on s'intéresse davantage aux qualités morales nous faisant défaut. Par exemple, si un homme est courageux mais qu'il manque de maîtrise de soi, devrait-il effectuer davantage d'actes de bravoure ou apprendre à se maîtriser ? Le fait de savoir s'il pourrait accomplir des actes courageux ou être maître de lui-même sans avoir acquis la sagesse reste discutable. Comme le défend Socrate dans le *Lachès*, la retraite peut apparaître plus courageuse que l'assaut suivant les circonstances. La sagesse est nécessaire au moment de déterminer quelles actions sont vertueuses.

En tant que philosophie fondée sur la vertu, le stoïcisme est parfaitement adapté pour combler cette faille de la psychologie positive. Les stoïciens demandent des individus qu'ils développent leurs vertus, même s'il ne s'agit pas de leurs atouts, et proposent des exercices permettant d'atteindre cet objectif. En encourageant les individus à contrôler uniquement ce qui est en leur pouvoir et à considérer le bien-être d'autrui, le stoïcisme peut également les aider à développer la vertu de sagesse. Le stoïcisme offre aux individus et à la psychologie positive l'opportunité d'enrichir leurs caractères et d'améliorer le bien-être de tous.

Références

Le Bon, T., *Report on Exeter University "Stoic week* 2013" :

http://blogs.exeter.ac.uk/stoicismtoday/files/2014/02/Stoic-Week-Report-2013-Final.pdf. (2014)

Le Bon, T., *Achieve Your Potential with Positive Psychology* (Hodder, 2014b).

L'équipe de *Vivre le Stoïcisme Aujourd'hui*, *Livret de la Semaine du Stoïcisme*   :
http://blogs.exeter.ac.uk/stoicismtoday/files/2013/11/Stoic_Week_2013_ Handbook.pdf. (2013)

N. B. Le barème des attitudes et des comportements stoïciens ainsi que les questionnaires mentionnés dans cet article sont disponibles dans le *Report on Exeter University "Stoic week 2013"* rédigé par Tim Le Bon.

Aperçu de l'influence du stoïcisme sur la logothérapie développée par Frankl

Stephen J. Costello

Pendant des siècles, le stoïcisme fut la philosophie prédominante dans le monde gréco-romain. Ce courant philosophique fut fondé par Zénon de Cition au IV^{ème}siècle av. J-C qui enseignait ses principes depuis la *Stoa Poikilè* ("portique peint", un monument de l'Athènes antique). Il attira dans ses rangs des hommes aussi différents qu'Épictète, un ancien esclave, Sénèque, un homme d'État et Marc Aurèle, un empereur. Dans le contexte des traditions classiques de la Grèce antique, la philosophie était considérée comme une forme de thérapie de l'âme et un terrain de pratiques spirituelles. Pierre Hadot a activement défendu et souligné cette idée dans What is Ancient Philosophy? Et *Philosophy as a Way of Life*.

Le stoïcisme fut probablement la philosophie pratique prédominante de l'époque. Cette vision révolue de la philosophie comme étant une praxis (la notion de prendre soin de soi et de purifier son âme) pourrait remonter à la méthode maïeutique de Socrate (en l'occurrence, donner naissance à des idées) et plus encore à la pensée de Platon (comprendre la nature même de la philosophie, la *therapie der Seele* ou thérapie de l'âme). Cette interprétation fut très fortement considérée par les stoïciens, délaissée au Moyen-Âge, puis adoptée de nouveau au XIXème siècle par Nietzsche et Kierkegaard, et au XXème siècle par différents penseurs tels que Viktor E. Frankl, Eric Voegelin, Jan Patocka, Michel Foucault, Ludwig Wittgenstein, et bien d'autres ayant redonné vie à la « consolation antique ». Ceci étant, il exista, au cours des siècles, des exceptions marquantes telles que Montaigne et le Comte de Shaftesbury.

Dans cet article, j'aimerais présenter sous forme d'esquisse plutôt que d'une exégèse exhaustive, certaines sources stoïciennes appuyant la logothérapie et les analyses existentielles de Frankl.

La littérature amena des indices sur le sujet ainsi que des idées conductrices, aussi rares qu'elles puiss en têtre. Curieusement, celles-ci ne viennent cependant pas de Frankl lui-même. William S. Sahakian, par exemple, atteste dans *Logotherapy's Place in Philosophy* que « la logothérapie et le stoïcisme partagent un certain nombre d'idées » (travail cité page 54). Il en cite deux en particulier : l'existence de valeurs comportementales et l'absence d'un mal sans but. Pour les stoïciens comme pour Frankl, toute souffrance peut être constructive. Sahakian affirme que « la théorie de Frankl concernant les valeurs comportementales possède incontestablement un caractère stoïcien » (ibid., page 55). La logothérapie, tout comme le stoïcisme, considèrent que si nous ne pouvons changer une situation, c'est notre attitude qu'il nous faut modifier ; chaque individu est libre d'adapter son attitude face à un problème. C'est là une pensée essentielle relative aux deux écoles.

Épictète certifiait que l'essence du bien et du mal réside dans (l'attitude de) la volonté (*Entretiens* 2.1.). De même, Frankl affirme que la notion de ne plus pouvoir ni contrôler ni modifier son destin doit être acceptée (veuillez-vous référer par exemple à *Psychotherapy and Existentialism*). Dans une certaine mesure, les difficultés de la vie résident dans un état d'esprit, dans la condition de l'âme. Les conditions et circonstances ne me définissent pas car je suis celui qui les détermine.

La volonté joue un rôle éminent et primordial à la fois dans la logothérapie et dans le stoïcisme. En effet, deux des trois piliers de la logothérapie portent sur la volonté, à savoir la liberté de la volonté et la volonté du sens. Les deux écoles insistent sur le fait que cette volonté ne peut être acquise (elle est invincible et inviolable) et qu'un individu se doit de modifier les circonstances qui lui font face et, dans le cas où cela serait impossible, d'adapter son attitude face à celles-ci. En fin de compte, nous contrôlons la volonté, ce que Frankl appelle « l'ultime liberté humaine ». Par exemple, Socrate demeura impassible lors de sa propre exécution malgré les efforts déployés par Anytos et Mélétos pour le briser. « Anytos et Mélétos ont le pouvoir de me mettre à mort mais ils ne peuvent me nuire », comprit-il. Dans la logothérapie, l'exercice de la volonté ne provoque pas uniquement un changement d'attitude, il peut également engendrer le détachement émotionnel (ou la dépersonnalisation) à travers la technique de l'intention paradoxale ; il existe en effet de multiples similitudes entre la logothérapie et la TCC malgré certaines différences notables, la principale étant l'importance qu'accordent la logothérapie et l'analyse existentielle aux processus mentaux inconscients et au domaine spirituel. La similitude entre le stoïcisme et la logothérapie est présente dans de nombreux exercices ; par exemple anticiper sa journée et la passer en revue (relatif à la logothérapie) et la réflexion du soir (relative au stoïcisme). Il s'agit dans les deux cas d'une forme d'évaluation de la conscience.

Marc Aurèle et Frankl sont tous deux pionniers de la pratique philosophique. Il existe un lien étroit entre les exercices spirituels des philosophes antiques (en particulier des stoïciens) et les méthodes et techniques relatives à la logothérapie et à l'analyse existentielle développées par Frankl. Parmi ces méthodes thérapeutiques figurent :

- les dialogues socratiques (dévoiler ce qui est latent par des questions ouvertes) ;
- le changement d'attitude (ici, l'objectif de la thérapie est le changement comportemental) ;
- l'intention paradoxale (espérer la réalisation des événements que vous redoutiez le plus ; taux de réussite clinique de 75%) ;
- la dé-réflexion (réorienter l'esprit vers un facteur plus significatif) ;
- l'analyse existentielle des rêves (les rêves ont toujours été la « voie royale » vers l'inconscient).

Ces méthodes logothérapeutiques ont toujours fait partie d'un domaine de la philosophie antique bien qu'elles se soient vues attribuées d'autres dénominations. La logothérapie est une forme de maïeutique spirituelle et socratique. Comme le décrit Reinard Zaiser : « vous pouvez trouver le principe de dé-réflexion, par exemple, dans les méditations de Marc Aurèle, empereur romain et philosophe stoïcien », (travail cité page 84). Les deux méthodes soulignent le rôle du changement d'attitude, et l'on trouve des précurseurs et des principes similaires à l'intention paradoxale, qui est probablement l'approche logothérapeutique la plus connue, dans l'ancienne thérapie de la suggestion paradoxale. Il est possible de considérer Socrate comme le premier logothérapeute !

Mon prochain objectif est de démontrer dix similitudes entre la philosophie stoïcienne et la thérapie cognitivo-comportementale, en particulier alors que d'autres auteurs ont établi, à juste titre, une relation entre ces deux mouvements. Cela ouvrira la voie à de plus amples explications.

Comparaison des principes fondamentaux du stoïcisme et de la logothérapie

Stoïcisme: les stoïciens voient le monde comme une communauté unique où tous les hommes sont frères (*cosmopolis*) ;

Logothérapie: Frankl parle de « monoanthropisme » («humanité universelle »).

Stoïcisme: l'univers est régi par une providence divine (le *logos*, la raison divine, la nature, l'esprit).

Logothérapie: *logos*, ici, représente le sens. Nous devrions écouter la voix de notre conscience car elle est l'organe du sens. Elle nous apparaît comme une « indication du ciel ».

Stoïcisme: notre devoir est de vivre en conformité avec la volonté divine, avec les lois de la nature et avec le don inné de la raison (l'élément divin).

Logothérapie: la prospérité s'atteint à travers une vie en accord avec trois dimensions que sont *soma* (le corps), *psyche* (l'esprit) et *noös* (l'esprit rationnel).

Stoïcisme: nous devons modérer nos passions et comprendre que la raison est plus importante que l'instinct, les tendances et les impulsions (la vigilance).

Logothérapie: les passions doivent être assimilées et l'inconscient doit être rendu conscient. Le *noös* (le noyau noétique de la ténacité) surpasse le *soma*.

Stoïcisme: nous devons accepter ou nous résigner à ce que le destin (*fortuna*) peut nous apporter.

Logothérapie : nous devons maîtriser la « volonté de sens » et le « pouvoir provocateur de l'esprit humain » afin de faire face aux « coups du destin » sans faillir.

Stoïcisme: nous ne devons pas accorder trop de valeur à ce qui pourrait nous être retiré (ce qui nous est extérieur) mais cultiver une conscience universelle et nous concentrer sur nos valeurs intérieures.

Logothérapie: l'homme doit se focaliser sur ce qui est éternel, tel que la Vérité, le Bien et le Beau, plutôt que sur ce qui est éphémère ; il doit mettre les choses en perspective (dé-réflexion).
Stoïcisme: ce qui trouble les hommes, ce ne sont pas les choses en elles-mêmes mais le jugement qu'ils en ont (notre interprétation).

Logothérapie: c'est notre réponse et non pas notre réaction aux choses qui importe (l'attitude que l'on adopte).

Stoïcisme: il s'agit de gagner la paix intérieure et de vivre libres de toute peur, avec la bonté morale (la vertu) comme finalité*. Le Bonheur est un élément secondaire.

Logothérapie: le Bonheur est un élément secondaire de l'existence significative. Pour l'atteindre, nous devons cesser d'y penser.

Stoïcisme: le *summum bonum* (le bien suprême) résulte d'une combinaison des quatre vertus capitales que sont la sagesse ou *sophia* (la morale et la perception spirituelle), le courage (la force d'âme), la justice (l'équité) et la modération (le contrôle de soi).

Logothérapie: le dépassement éthique et spirituel de soi est l'essence de l'existence de l'homme puisque l'on passe d'un vide existentiel à des valeurs morales.

Stoïcisme: la philosophie est un domaine pratique et thérapeutique, un recueil d'exercices spirituels dont l'objectif vise plus à construire qu'à informer.

Logothérapie: la logothérapie est une forme de thérapie socratique ou noétique ainsi qu'une philosophie de vie. Elle a comme finalité la transformation de soi.

Références
Allport, G.W., 'Preface', Man's Search for Meaning. Rider, 2004 (1959)

Aurelius, M., Meditations. Every man's Library, 1946
Epictetus, Discourses. Books 1-4. Dover Publications, 2004
Epictetus, The Hand book (The Echeiridion)
Hackett Publishing, 1983
Frankl, V., Man's Search for Meaning. Rider, 2004 (1959)
Frankl, V., Psychotherapy and Existentialism
Washington Square Press, 1967
Hadot, P., Philosophy as a Way of Life. Blackwell Publishing, 1995.
Hadot, P., What is Ancient Philosophy? Harvard University Press, 2002
Hadot, P., The Inner Citadel: The Meditations of Marcus Aurelius. Harvard University Press, 2001.
Sahakian, W.S., 'Logotherapy's Place in Philosophy', Logotherapy in Action
Ed. Fabry J., Bulka R. Sahakian W.S., Foreword by Viktor Frankl. Jason Aronson, 1979.
Zaiser, R., 'Working on the Noetic Dimension of Man: Philosophical Practice, Logotherapy, and Existential Analysis', Philosophical Practice, July, 2005: 1(2).

Mon recouvrement de santé mentale grâce à la TCC et au stoïcisme

James Davinport

Mon monde s'est écroulé il y a un an de cela. Avec du recul, je peux dire que j'aurais pu le voir venir ; la dépression s'est construite sur plusieurs années. Mois après mois, les vestiges de mon être se sont morcelés peu à peu jusqu'à ce que, finalement, je sente qu'il ne restait plus grand chose de ma personne, que je ne pouvais plus m'identifier. Au bureau, dans les bas-rangs d'une grande entreprise, je m'étais moi-même mené au purgatoire. J'ai travaillé chaque jour de la semaine, des années durant, et arrivais assidûment dans les locaux le jour à peine levé. Au final, je ne parvenais plus à comprendre ni ce que je voyais sur mon écran d'ordinateur, ni ce que je lisais. J'appréhendais les nombreuses présentations dont j'étais responsable et je sentais que chacune d'entre-elles n'était qu'un « échec » bien que les retours de mes collègues laissent penser le contraire. Je voulais être seul et je m'en prenais à ma famille et à mes amis. Un soir, je me suis retrouvé à donner un coup de pied dans une chaise de mon salon sans aucune raison. Heureusement, mon locataire n'était pas présent ! Pendant la journée, je filais en douce des bureaux pour pleurer dans le parc du coin. Des pensées négatives défilaient dans mon esprit. La plupart étaient tellement irrationnelles que je m'énervais pour le simple fait d'y penser. Je me retrouvais régulièrement en train de crier à l'aide dans mon propre esprit.

Ce furent les symptômes physiques qui me poussèrent à en finir avec ce comportement (vertiges, fatigue, muscles sensibles qui se raidissaient tout à coup, crises de panique, incapacité à me concentrer ou à me souvenir de certaines choses, palpitations cardiaques et problèmes digestifs pendant plusieurs mois). Les symptômes mentaux ne pouvaient malheureusement pas empêcher mon autodestruction. Ce fut mon corps, ma santé, laquelle m'apparut soudainement comme incontestablement vitale, qui m'ont finalement forcé à reconsidérer mes actions.

J'ai alors fait l'impensable et j'ai démissionné, ai réuni mes économies et ai entamé ma convalescence.

Cet article se penche sur cette période de guérison ; j'espère qu'il sera utile à ceux qui peuvent s'identifier à ma situation.

* * *

Au début, je ne me rendais pas compte de ce qu'il m'arrivait. Je sentais simplement que rien n'allait. Je me suis demandé si j'étais victime de l'effroyable syndrome de fatigue chronique (SFC) et si j'allais être condamné à des années voir des décennies de fatigue extrême. En approchant la cinquantaine, j'avais peur que rien ne puisse réellement être fait à ce stade de ma vie : j'avais passé des années à faire les mauvais choix et je n'étais pas sûr de pouvoir m'attendre à une quelconque amélioration. Cela dit, la plus grande détermination que j'avais jamais connue s'était générée au fond de moi : je voulais aller mieux.

Ma première expérience de méditation avait eu lieu quelques mois avant que je ne tombe en dépression mais je craignais réellement que chaque séance de méditation de pleine conscience me rapprocherait davantage d'une crise de panique. Plus tard, j'ai appris que ce n'était que le résultat d'une curieuse forme de trouble obsessionnel compulsif (TOC) que j'avais développé et que l'on appelle TOC sensorimoteur (qui mène à une grande anxiété lorsque l'on prête attention aux sensations corporelles). Le moment présent est difficilement agréable à vivre lorsque votre esprit déborde de pensées négatives et d'émotions houleuses. J'ai compris qu'il ne fallait pas que j'accepte ces pensées et émotions sans les juger mais qu'il fallait que je les remanie.

Guérir à travers la TCC

Je savais depuis longtemps en quoi consistait la TCC mais je n'avais jamais considéré l'appliquer à mon cas. Cependant, alors même que je prenais la résolution de me rétablir et que je parcourais les rayons d'une librairie de Londres, je suis tombé sur un livre intitulé *Teach Yourself CBT*[6]. Pourquoi ne pas essayer ? Ce fut le meilleur achat de ma vie. J'étais déterminé à m'engager de tout cœur dans les enseignements de ce livre en m'appuyant progressivement sur chaque leçon.

La TCC requiert une pratique continue. Ces derniers mois, j'ai appris de nombreuses techniques utiles à ma récupération mais je n'exposerai ci-dessous que quelques-unes de ses pratiques fondamentales.

Le premier exercice consistait à recentrer ma pensée et à la considérer comme étant extérieure à moi-même et qui devait « faire l'objet d'un débat ». Ainsi, il me fallait modifier cette phrase : « Je crains que mon avenir ne me réserve rien de bon » en celle-ci : « La crainte me fait penser que mon avenir ne me réserve rien de bon ».

Le simple fait d'appliquer ce procédé m'a donné un sentiment intense de réussite : plutôt que de laisser les pensées négatives automatiques bouleverser ma journée, je les saisissais dès qu'elles se formulaient et les empêchais d'évoluer. Le fait de coucher ces pensées négatives automatiques sur papier était également important car il me permettait de les « sortir de mon être ».

Le deuxième exercice consistait à ficher chaque pensée négative comme étant ce que la TCC nomme une « erreur de jugement commune » : ma pensée était-elle extrême, simpliste et dépourvue de nuances ? Étais-je sujet à une généralisation excessive qui me faisait penser qu'un seul incident malheureux s'appliquerait à toutes les situations pour le restant de mes jours ? Filtrais-je le positif de façon à ne voir que le négatif ? Étais-je en train de tirer des conclusions hâtives, de lire dans mes pensées, de prédire l'avenir ? Pendant une semaine, j'ai

---

[6]   N.d.T. : *CBT* (*Cognitive Behavioural Therapy*) correspond à l'acronyme anglais de TCC (Thérapie Cognitivo-Comportementale)

défié méthodiquement chaque pensée négative en considérant ces erreurs de jugement et regagnais peu à peu confiance en moi.

Le troisième exercice, qui regroupe ceux vus jusqu'à présent, consistait à remplacer les pensées négatives par d'autres plus réalistes et saines tout en prêtant attention aux effets que cela causait sur mon humeur et mes sentiments. Prenons un exemple hypothétique :

Pensée : « Je me suis ridiculisé à la soirée et tout le monde m'a pris pour un imbécile ». J'estime de croire à cette idée à 74%.

Sentiments : « Isolement, contrariété, personne ne m'aimera jamais ».

Autre pensée possible : « Objectivement, il n'y a eu qu'un moment de réel embarras lors de la soirée, et même ça, je l'exagère sûrement. D'autres personnes se sont également senties gênées lors de cette soirée et ils en on tri. Je suppose alors que l'embarras fait partie de la vie ! Le reste de la soirée s'est bien déroulé et je me suis particulièrement bien entendu avec deux personnes que je ne connaissais pas. En définitive, il y a eu plus de positif que de négatif lors de cette soirée ». J'estime de croire à cette idée à 95%.

Autre sentiments possibles : « Satisfaction, perspective plus modérée (un moment gênant ne peut pas empêcher les gens de m'apprécier) ». Je n'accorde plus aucune valeur à ma première impression.

J'ai appliqué cette technique depuis ce moment-là. J'en suis même arrivé à aimer le défi que cela représentait. Cela ressemble, en quelques sortes, à du jardinage, comme si l'anéantissement des pensées négatives s'apparentait au désherbage d'un potager. Ce que j'appréciais également dans ce procédé n'était pas tant le fait de remplacer les pensées négatives par l'attitude positive mais d'abord une méthode de pensée plus judicieuse et appropriée qui accepte le fait de relativiser la perception que l'on se fait des circonstances. Un point positif serait qu'à ce jour et de manière générale, mes pensées sont, dès le départ, plus équilibrées et plus représentatives de la véritable manière dont le monde fonctionne.

L'Influence des croyances sous-jacentes

Selon la TCC, l'esprit est semblable à un oignon : nos pensées sont la couche extérieure et elles dépendent d'une certaine croyance sous-jacente. Par exemple, si vous vous sentez angoissés dans un contexte social, votre croyance sous-jacente sera probablement, comme il l'a été pour moi, de vous dire que vous n'êtes « pas appréciable » ou qu'autrui est habituellement « froid et prompt à la critique ». Ce genre de conviction se reflète dans votre comportement : vous évitez les autres de façon à ne pas confirmer ces croyances sous-jacentes. Ce cycle négatif perpétuel doit être interrompu.

En découvrant mes croyances sous-jacentes, j'ai décelé une certaine ligne conductrice dans ma façon de penser. Après m'être penché sur le sujet, j'ai compris que j'étais atteint de phobie sociale (une peur intense de rejet et d'humiliation) et que j'avais un sérieux problème de perfectionnisme (l'estime de soi dépend de l'accomplissement d'objectifs stricts et irréalistes dans un ou plusieurs domaines). De plus, j'ai compris que l'hypocondrie, l'agoraphobie, le trouble de stress post-traumatiques (TSPT) et plusieurs formes de trouble obsessionnel compulsif (TOC) étaient également de la partie, bien qu'ils ne le soient que dans une moindre mesure. Il faut parfois avoir le sens de l'humour pour pouvoir faire face à tant de névroses... Heureusement, et particulièrement pour un novice de la TCC tel que je suis, il existait des livres traitant de chacun de ces contrariétés. Ce fut un soulagement ! Lorsque vous vous confrontez à ce genre de problèmes, vous avez besoin de livres qui les traitent de manière directe et qui s'appuient sur des *faits*. Pour ma part, j'ai décidé d'aborder une approche à long-terme et de solutionner chacun de ces problèmes de manière systématique.

Ce procédé est toujours en cours : il demande du temps mais on en vient à lui donner de l'importance et à en tirer de la fierté. De nombreuses expériences comportementales entrent en jeu, et, à travers de celles-ci, vous vous confrontez directement à vos peurs et vous réévaluez les convictions qui les attisent. Ce procédé inclut également un grand apprentissage de la psychologie humaine et de la façon dont nos comportements alimentent nos émotions et nos pensées, et inversement. C'est un voyage extrêmement enrichissant. Aujourd'hui, je peux affirmer avec certitude que j'ai pu renverser la balance :

- Alors que j'étais régulièrement à bout et angoissé lorsque je sortais de chez moi, j'en suis arrivé à aimer me promener ;

- Alors que je me renfermais très vite sur moi-même dans n'importe quel contexte social et que je me sentais isolé, j'ai désormais de plus en plus de confiance en moi lorsque je rencontre une personne et, plutôt de me focaliser sur l'aspect négatif des événements, je me concentre sur ce qui a pu être positif au moment d'évaluer ma journée ;

- Maintenant que je travaille de nouveau, je ne me laisse plus être débordé. Mon estime personnelle dépend désormais de l'ensemble de ma vie et non plus de mes réussites professionnelles, et je ne ressens plus aucune culpabilité lorsque je ne consulte pas ma messagerie en ligne avant neuf heures du matin ;

- Alors que je craignais d'être atteint de plusieurs sortes de maladies graves, je ris désormais lors des rares occasions où ce genre de pensées me traversent l'esprit ;

- Les crises de paniques, quant à elles, ont tout simplement disparu.

L'année dernière, tout cela me semblait impensable. Désormais, il m'est difficile de comprendre les peurs que je pouvais avoir : étais-je réellement cette personne ? À l'époque, le monde me paraissait un milieu hostile et désagréable. En réalité, ce n'est pas le monde qui a changé mais ma relation avec lui. Et je ne le dois qu'à moi-même.

Guérir avec le stoïcisme

J'ai rapidement découvert l'idée majeure d'Épictète en entreprenant mon voyage avec la TCC : « Ce qui trouble les hommes, ce ne sont pas les choses en elles-mêmes mais le jugement qu'ils en ont », (*Manuel*,

Chapitre V). Cette notion, comme je l'ai compris, est également le principe fondamental de la TCC. Cette vision proposée par le stoïcisme m'a interpellé et, après avoir fait des recherches, j'ai lu quelques livres et utilisé le matériel disponible en ligne (notamment sur le blog de *Vivre le Stoïcisme Aujourd'hui*). En tant que philosophie, le stoïcisme m'a vraiment parlé.

Je serai franc d'entrée de jeu : je n'aurais probablement pas fait autant de progrès si j'avais acheté un livre traitant du stoïcisme plutôt que de la TCC il y a un an. Mon état se serait probablement amélioré mais dans une bien moindre mesure. Cela s'explique par le fait que le stoïcisme n'a pas été spécifiquement développé dans le but de traiter la phobie sociale, l'agoraphobie, le perfectionnisme ou l'hypocondrie. Le fait que le stoïcisme soit une « thérapie de l'âme » et l'idée d'Épictète citée ci-dessus, font que le courant philosophique semble s'apparenter à la TCC. Le stoïcisme n'est cependant pas une psychothérapie dans le sens moderne du terme (traitement contre des problèmes spécifiques). En revanche, le stoïcisme est psychothérapeutique dans le sens où il s'intéresse au développement du bien-être en reposant sur des valeurs éthiques cohérentes plutôt que sur un mode de vie plus confus et dispersé d'où émanent des valeurs douteuses ou mal fondées. Il est également psychothérapeutique dans le sens où il considère que les jugements de valeurs (tels que « j'ai besoin d'argent pour être heureux ») peuvent engendrer des troubles psychologiques qu'il est possible d'annihiler en donnant davantage d'importance à la vertu. En d'autres termes, le stoïcisme est fondamentalement différent étant donné qu'il concerne l'éthique. Or, la phobie sociale ou l'hypocondrie n'ont rien à voir avec l'éthique. Lorsqu'un individu a besoin d'aide pour surmonter ses crises d'angoisse, soutenez-le mais ne lui demandez pas de définir ce qu'est la vertu !

Vous vous demanderez alors de quelle façon le stoïcisme a pu m'aider dans mon rétablissement. La TCC est certes très utile, mais uniquement jusqu'à un certain point car elle implique nécessairement l'annihilation de quelque chose de négatif. Bien que ce procédé puisse en soi avoir un impact positif (une plus grande confiance en soi et la capacité à apprécier ce que l'on craignait auparavant), la TCC ne donne aucun conseil sur la manière de vivre et sur ce à quoi l'on devrait accorder de l'importance de façon générale.

En éliminant peu à peu ces « mauvaises herbes », j'ai découvert un certain vide en moi, comme une absence. Je commençais à me demander quel était mon point de repère. C'est à ce moment-là que le stoïcisme s'est avéré utile en comblant ce vide formé par l'éradication des mauvaises herbes.

Bien que je ne sois qu'au début de mon voyage avec le stoïcisme, j'en ai ressorti trois idées essentielles qui deviennent peu à peu le support de ma vie :

- *Me concentrer sur ce qui dépend de moi.* Selon moi, il s'agit là de comprendre que rien n'est plus important que de toujours appréhender les choses avec intégrité. Il n'est pas nécessaire que les événements se déroulent de telle ou telle façon, la raison d'être de chacun lui vient de l'intégrité dont il fait preuve au moment de répondre à ces événements ;

- *Méditer sur ma vie.* Chaque soir, je passe ma journée en revue : je me félicite de mes bonnes actions et détermine ce que je pourrais améliorer. Ma journée n'est plus un trouble sans issu. Je suis désormais conscient de l'ensemble du récit de ma vie, de ce que je recherche, de certains préceptes éthiques aussi simples que l'importance de ma famille et de mes amis, qui me guident au quotidien ;

- *Accéder au bonheur à travers la philanthropie.* L'idée émise par le stoïcisme selon laquelle nous devrions chercher à développer notre affection pour autrui a grandement influencé ma vie. Les cercles de Hiéroclès m'ont particulièrement aidé dans cette tâche : j'en suis venu à valoriser mes relations, mes liens d'amitiés et mon entourage, pour ensuite comprendre que de ces liens naît effectivement le bonheur.

Il y a encore beaucoup à apprendre du stoïcisme (je ne pourrais définir la vertu pour un million de dollars !), et probablement d'autres philosophies, mais pour le moment, les valeurs qui régiront ma vie deviennent de plus en plus claires. Alors que la TCC m'a libéré en éliminant les pensées négatives qui m'encombraient, le stoïcisme m'apporte une réflexion sur le sens et le fondement de mon existence en général.

*   *   *

Bien sûr, il y a toujours des bas. Cela ne fait qu'un an que j'ai entamé mon processus de guérison, mais je suis capable de reconnaître ces moments de trouble beaucoup plus rapidement et sais désormais comment les appréhender. Lorsque je me souviens du genre de pensées qui me rongeaient il n'y a pas si longtemps, je peux concrètement voir tout le chemin que j'ai parcouru en si peu de temps. Je me sens également en meilleure forme physique. De nombreux symptômes ont tout simplement disparu grâce, il me semble, à mon état d'esprit plus serein et à la possibilité d'accorder du temps à des exercices convenables. Si vous vous le demandiez, je pratique de nouveau la méditation de pleine conscience et cet exercice ne me rend plus anxieux. Elle a retrouvé une place importante dans ma vie.

J'espère que cet article aidera les personnes qui se trouvent dans la même situation que moi il y a un an à comprendre qu'il est possible de changer. Il peut sembler restrictif de nous concentrer uniquement sur les quelques aspects de notre vie qui sont en notre pouvoir (pensées, intentions et actions) mais je sais désormais, de par mon expérience, que rien n'est plus puissant que cela.

VIVRE LE STOÏCISME AUJOURD'HUI

PARTIE VII

LE STOÏCISME ET LA PLEINE CONSCIENCE

La vertu de pleine conscience : une méditation
orientale pour la morale stoïcienne

Ben Butina

Bon, les gars, avec tous les bouquins et articles qui sortent chaque jour à propos de la *gracklene*, il serait temps qu'on en parle d'un point de vue stoïcien. La *gracklene* peut-elle vraiment aider un individu à devenir plus vertueux ? Si oui, comment ? Ou encore, comment rentre-t-elle dans les pratiques stoïciennes antiques ? Est-ce que l'on dégage uniquement les aspects de la *gracklene* qui nous plaisent en nous débarrassant de ce qui nous gêne ?

À ce stade, vous vous demandez sûrement : « Mais c'est quoi, cette *gracklene* ? ». Bonne question. Avant d'en arriver là, relisez le premier paragraphe et remplacez le mot « *gracklene* » par l'expression « pleine conscience ».

« *Gracklene* » est un terme qui ne vous est pas familier, c'est pourquoi il vous interpelle. Vous n'essaieriez sans doute pas d'engager une conversation à propos de la *gracklene* sans en avoir clarifié la définition. En revanche, la « pleine conscience » devient une expression courante dont nous avons tendance à parler comme si nous la définissions tous de la même façon. C'est là que les ennuis commencent.

D'après le dictionnaire *Oxford English Dictionnary*, le terme anglais « *mindfulness* » est apparu en 1530 et a été utilisé à plusieurs reprises dans la Bible du Roi Jacques (1611) :

> « Il est le Seigneur notre Dieu ; ses jugements sont sur toute la Terre. Souvenez-vous à jamais (*Be ye mindful always*) de son alliance, de sa promesse établie à travers un millier de générations ; souvenez-vous de l'alliance qu'il fit avec Abraham et du serment fait à Isaac. » *Chronicles* 16:14-16.

Pas la peine de préciser qu'il n'y avait, à l'époque, aucune connotation bouddhiste dans cette expression et qu'elle se rapportait simplement au fait d'être conscient d'une certaine chose, de s'en souvenir et d'y prêter attention. Les connotations bouddhistes n'ont pas eu d'impact en Occident avant 1910, lorsque Rhys Davids, un spécialiste du bouddhisme ancien, utilisa le terme « *mindfulness* » (« pleine conscience » en anglais) pour traduire le mot pali « sati » dans la version anglaise qu'il rédigea de *Satipatthana Sutta* (Discours sur les Quatre Établissements de la Pleine Conscience). Bien qu'à l'origine, « sati » signifiait « mémoire », son usage dans les premiers écrits bouddhistes est subtil, complexe et varié. Bhante Sujato, par exemple, soutient que « sati » signifie « attention soutenue », un élément du procédé aspirant à amener l'esprit à se purifier et à visualiser le Noble Cheminoctuple de Bouddha.

Cependant, la définition de « pleine conscience » la plus courante en Occident ressemble peu à celle établie par l'anglais et n'est pas une traduction directe du terme pali mais généralement une variante de la traduction proposé par le professeur Jon Kabat-Zinn, pionnier de la pleine conscience laïque : « La pleine conscience signifie prêter attention d'une manière particulière et intentionnelle, au moment présent, et ce sans porter de jugement. »

Ça vous dit quelque chose, pas vrai ? Cependant, vous trouverez que cette définition se voit amplement altérée par la presse. Ci-dessous, vous trouverez cinq des articles populaires les plus récents traitant de la pleine conscience que j'ai pu trouver sur Google News :

> « La définition la plus simple de "pleine conscience" ? Prêter attention, tout simplement. » Dr. Melanie Harth, diplômée d'un master de conseillère en santé mentale, *Huffington Post*.
>
> « Somme toute, la pleine conscience consiste à porter son attention sur le moment présent et de ne porter aucun jugement. » Janet Singer, *Psych Central*.
> « Je pratique la pleine conscience, ce qui consiste à laisser tout et n'importe quoi me traverser l'esprit en ne portant mon attention que sur ma respiration ». Ruby Wax, *The Telegraph*.
>
> « […] une pratique non moraliste de conscience du moment présent ancrée dans la méditation, le bouddhisme et le yoga […] » Todd Essig, *Forbes Magazine*.

> « La pleine conscience est un moyen de "se détacher de toutes les stupidités qui nous passent par la tête" en considérant ses pensées de façon non moraliste et non émotionnelle… » Eden Kozlowski, *Akron Beacon Journal*.

Ces cinq personnes parlent-elles de la même chose ? Peut-être, mais il est certain qu'ils ne parlent pas la même langue. Deux d'entre elles suggèrent que nos pensées sont mauvaises (« tout et n'importe quoi », « stupidités »), ce qui est problématique. Une autre (« simplement de prêter attention ») simplifie le concept jusqu'à le rendre insignifiant. Aucune d'entre elles, y compris l'estimé Jon Kabat-Zinn, ne nous donne vraiment d'indices sur ce qui devrait retenir notre attention.

Pour parler de la manière dont la pleine conscience peut s'utiliser dans un contexte stoïcien, il est nécessaire de s'accorder sur la signification de ces mots. Les précédentes définitions sont simples et abordables mais également vagues et peu satisfaisantes. Je propose que l'on adhère à la définition de « conscience avertie » proposée par Shinzen Young, professeur de méditation aux États-Unis : « […] le travail en commun de trois aptitudes relatives à l'attention que sont le pouvoir de la concentration, la clarté sensorielle et le sang-froid ».

D'entrée de jeu, il est possible de voir que cette définition n'est pas aussi simpliste que celles proposées antérieurement. Il va falloir élaborer un peu, mais ça vaut le coup.

Voici comment Shinzen Young développe son idée :

> « Vous pouvez penser que le pouvoir de la concentration correspond à la capacité de se focaliser sur ce que vous considérez pertinent à un moment donné. Vous pouvez penser que la clarté sensorielle correspond à la capacité de recenser ce que vous êtes en train de vivre en ce moment même. Vous pouvez penser que le sang-froid correspond à la capacité à laisser l'expérience sensorielle aller et venir sans les y forcer. »

Ainsi, la *concentration* correspond simplement au fait de pouvoir prêter attention sur ce que vous estimez être important. La *clarté sensorielle* est la capacité à recenser toutes les informations tirées de vos expériences en haute résolution et avec un grossissement maximal. Cela vous permet de garder en mémoire tous les « fragments » intérieurs et extérieurs qui forment votre expérience sensorielle du monde. Le *sang-froid* vous permet de vivre ces « fragments » sans essayer de les repousser, de les retenir ou de les dramatiser. De plus, Shinzen Young ne définit pas la concentration, la clarté sensorielle ou le sang-froid comme des états ou des traits de caractère mais comme des compétences. Comme toutes les compétences, vous pouvez les améliorer avec de l'entraînement. Pourquoi un stoïcien *voudrait*-il le faire ? Et bien parce que la conscience avertie accroît notre capacité à vivre de façon vertueuse.

En cela, la conscience avertie n'est pas une vertu en soi mais elle représente un « canal » de vertu et accentue notre capacité à agir en fonction de nos intentions par le fait d'abattre les obstacles qui nous empêchent d'agir de façon rationnelle. Voici trois cas de figure mettant en scène ces notions :

- À table en famille, vous ne prêtez que peu attention à ce que l'on vous raconte. Vous êtes perdu dans vos pensées concernant votre journée de travail. Vous vous inquiétez du lendemain, et vous rêvez de vos prochaines vacances. Vous voulez être à l'écoute de vos proches mais vous manquez de *concentration*.

- Vous entendez un fracas dans la pièce avoisinante. Votre première réaction est de vous mettre en colère et de vous y précipiter. Vous entrez en trombe dans la pièce en hurlant : « Qu'est-ce que tu fous ? » Vous savez que vous devriez être plus calme et vous assurez que personne n'est blessé mais vous vous laissez emporter par vos émotions (vos « passions ») car vous manquez de *clarté sensorielle* qui vous permettrait de les décomposer et ainsi de les gérer plus facilement. Au contraire, tout semble se mélanger et finit par vous submerger.

- Vous posez une question à l'un de vos collègues et ce dernier vous répond à la hâte. Vous en faîtes immédiatement toute une histoire. En peu de temps, vous vous inventez un scénario dans lequel vous partez du principe que cette personne est fâchée contre vous pour une quelconque raison… mais laquelle ? Vous manquez du *sang-froid* nécessaire pour vivre ce moment telqu'il est sans dramatiser les faits.

Dans chacun de ces cas de figure, vos intentions sont bonnes. Vous vouliez agir avec vertu mais vous vous êtes laissé submerger par vos émotions et avez réagi non pas raisonnablement mais de façon disproportionnée. Considérons désormais ces mêmes situations dans un esprit de conscience avertie :

- À table en famille, vous êtes perdu dans vos pensées, vos projets et vos rêves. Quelqu'un prononce votre prénom et vous êtes capable de reporter votre attention sur cette personne, laissant vos divagations de côtés.

- Vous entendez un fracas dans la pièce avoisinante. Des images vous viennent à l'esprit (un écran de télévision brisé), ainsi que des réflexions mentales (« Qu'est-ce qu'il fout ? »), et des sensations physiques (les muscles de votre estomac se resserrent, les battements de votre cœur s'accélèrent) mais vous parvenez à gérer ces émotions sans qu'elles ne voussubmergent. Rapidementmaistout en conservantvotre calme, vous vous rendez dans la pièce en question pour vous assurer que personne n'a été blessé.

- Vous posez une question à l'un de vos collègues et ce dernier vous répond d'un ton bourru. Vous prenez conscience de vos réactions (images et réflexions mentales, sensations physiques) et vous êtes capables de les laisser vous traverser l'esprit sans vous y accrocher et sans les associer à une histoire déconcertante.

Encore une fois, vos intentions sont bonnes mais vous avez ici développé les capacités nécessaires pour agir de façon vertueuse sans vous laissez emporter par la passion ou par la distraction. Le programme (qui représente le stoïcisme) est le même, mais l'amélioration du disque dur (qui représente la conscience avertie) vous a permis d'agir en fonction de vos intentions.

En résumé, la conscience avertie vous apporte la capacité de répondre aux événements plutôt que de simplement y réagir. C'est une capacité essentielle pour mener une vie stoïcienne.

Gracklene est un mot que j'ai inventé en associant le nom des marques d'objets qui se trouvaient dans ma cuisine.

Références

Davids, R., *Translation of the* Satipatthana Sutta (*Discoures on the Four Establishments of Mindfulness*):
http://buddhistlibraryonline.com/index.php/dighanikaya/mahavaggapali/dn22-mahasatipatthana-sutta/58-mahasatipatthana1
De Rosée, S., *Ruby Wax on Depression, Mindfulness and Prada Handbags*:
http://www.telegraph.co.uk/culture/books/authorinterviews/11015928/Ruby-Wax-on-depression-mindfulness-and-Prada-handbags.html
Essig, T., *Google's Gopi Kallayil On the Business Value of Mindfulness*:
http:// www.forbes.com/sites/toddessig/2014/07/26/googles-gopi-kallayil-on-the- business-value-of-mindfulness/
Harth, M., *Mindfulness for Success: Top 3 Management Tips*:
http://www.huffingtonpost.com/melanie-harth-phd-lmhc/mindfulness-for-suc-cess-t_b_5659729.html?utm_hp_ref=business&ir=Business
Powell, C., *CEO on A Mission to Spread Mindfulness*:
http://www.ohio.com/ business/ceo-on-a-mission-to-spread-mindfulness-1.509673
Singer, J., *OCD and Mindfulness*: http://psychcentral.com/lib/ ocd-and-mindfulness/00020097
Sujato, Bh., *A Brief History of Mindfulness*:
http://sujato.wordpress. com/2011/01/18/a-brief-history-of-

mindfulness/
Young, S., Five Ways to Know Yourself: An Introduction to Basic Mindfulness:
http://www.shinzen.org/RetreatReading/FiveWays.pdf

La pleine conscience du stoïcisme et l'absence de conscience du bouddhisme

Aditya Nain

J'aimerais partager ce qui pourrait s'interpréter comme une difficulté qui se dresse face à ma tentative d'entretenir un comportement stoïcienou, pour être plus précis, de vivre au quotidien selon les lignes directrices proposées par Épictète. Ce dernier a beaucoup en commun avec le bouddhisme, et mon expérience de la méditation associée à cette religion, en particulier la *Vispassanā* ou « vue profonde » (avec laquelle je me suis familiarisé bien avant de connaître la philosophie d'Épictète), m'incite à les comparer, souvent sans même m'en rendre compte. Tandis que ces ressemblances survenaient ici et là, j'ai également perçu quelques différences fondamentales dans la pratique. Ces divergences sont aussi flagrantes que les similitudes. Cet article se centrera sur l'une de ces différences.

Épictète demande d'un individu qu'il garde constamment son esprit prêt à parer toute impression. Le terme « parer », ici, est crucial puisqu'il implique une collision frontale entre l'esprit et l'impression, ou pensée. En revanche, dans la pratique bouddhiste, les impressions (si l'on peut parler d'un même concept) ne sont jamais des éléments à « parer ». L'objectif n'est pas de parer une pensée (« Je me suis fait voler ») par le biais d'une autre (« Ce qui est matériel m'est extérieur et ne doit alors pas m'inquiéter »). Il s'agit simplement d'observer le phénomène et de vivre cette sensation jusqu'à ce qu'elle s'atténue. Pour un pratiquant, il s'agit là d'une importante différence qui surgit au cœur du bouddhisme et du stoïcisme et amène des difficultés dans la pratique. En réalité, cette différence est tellement évidente qu'elle semble incompatible aux deux courants. Elle est également cruciale dans le sens où, pour un pratiquant de la *Vispassanā*, le fait de parer une impression par le biais d'une autre représente un acte de suppression qui conduit à l'apparition de cette même impression dans un autre cadre et possiblement sous une autre forme.

Voici un autre exemple. Les deux écoles conçoivent l'existence d'une différence entre un phénomène, son expérience subjective et les jugements qu'il inspire. Les deux systèmes de pensées se dissocient, par exemple, dans leur manière d'appréhender la douleur. Épictète considère qu'il faille garder à l'esprit une réflexion permettant de parer la perception de *douleur*, par exemple: « la douleur appartient au corps et le corps m'est extérieur ». Quant à la pratique bouddhiste *Vispassanā*, elle soutient l'idée de ne pas émettre le moindre jugement puisque cela amplifierait le problème initial. L'objectif de la pratique bouddhiste est de comprendre la différence entre « expérience » et « douleur ressentie lors de cette expérience » et ainsi considérer cette même « douleur » dans un esprit de conscience totale afin de surpasser « l'aspect de douleur », ce qui implique également une immersion totale dans cette expérience.

L'approche stoïcienne, en revanche, isole l'esprit (les jugements, la volonté) de l'expérience : l'esprit est complètement détaché de l'expérience. L'approche bouddhiste (après avoir compris la différence entre « expérience » et « douleur ressentie lors de cette expérience ») aspire à dissocier l'aspect de douleur et l'expérience tout en conservant l'unité de cette expérience. La méthode proposée par le stoïcisme inclut cette même distinction mais cherche à en tirer profit et à séparer davantage l'esprit de cette expérience en le considérant comme un outil détaché de l'expérience en soi, qui n'est que matérielle et donc extérieure à un individu.

Ainsi, serait-il possible que la pratique bouddhiste *Vispassanā*, que l'on traduit aujourd'hui par « pleine conscience », soit en réalité une « absence de conscience » ? La pratique stoïcienne, en revanche, pourrait-elle réellement se caractériser comme une philosophie de « pleine conscience » ?

Il est probable que cette différence fondamentale soit la conséquence de dichotomies utilisées par les stoïciens (le corps et l'esprit, ce qui nous est intérieur et extérieur). Quant aux bouddhistes, dans leur effort de maintenir l'unité de l'expérience, ils ne font pas ces distinctions et ne considèrent pas l'individu comme l'ensemble d'un corps et d'un esprit. Cet ensemble permet d'accéder aux « cinq skandhas » (la forme corporelle, la sensation, la perception, la formation mentale, la conscience) qui font tous partie intégrante de l'individu. Les aspects matériels ne sont alors pas entièrement séparés de la mentalité ; le corps n'exclut pas l'esprit. La notion de différence entre division interne et division externe n'est donc pas prise en compte dans l'approche bouddhiste.

Je ne vois aucune solution théorique à apporter sur ce que j'ai tenté d'expliquer dans cet article. Si une solution existait, elle se manifesterait dans la pratique. Il s'avérerait peut-être que les aptitudes acquises par une pratique rigoureuse soient les mêmes dans chacun des deux courants. Dans ce cas, les structures théoriques peuvent demeurer telles qu'elles le sont actuellement. Cependant, serait-il possible pour un individu de pratiquer les deux philosophies indépendamment l'une de l'autre et de tirer profit de chacune ? Sans aucun doute. Les pratiquer en même temps serait-il tout autant bénéfique ? Je n'en suis pas encore certain.

La pleine conscience stoïcienne a-t-elle déjà existé ?

Patrick Ussher

Si un adepte de l'école stoïcienne antique avait rencontré un moine bouddhiste pratiquant la pleine conscience de la respiration, la conscience avertie, il aurait été, sans aucun doute, extrêmement curieux de savoir ce que le moine tentait d'accomplir et quelle était la finalité de l'acte. « Pardonnez-moi, je suis convaincu que votre respiration est fascinante mais en quoi s'y intéresser est-il lié à la vertu ? ». La réponse à cela est, en soi, potentiellement très intéressante. Par quels procédés la pratique du bouddhisme ou d'une forme de bouddhisme pourrait-elle éclairer la vie stoïcienne, et inversement ? Comme le soutenait Ben Butina dans la partie VII, la méditation de pleine conscience est un canal important vers la vertu stoïcienne. Entre temps, Aditya Nain, pour d'intéressantes raisons pratiques et théoriques, adoptait un point de vue plus sceptique.

Outre ces précédentes questions, il est curieux que les pratiquants du stoïcisme abordent régulièrement la « pleine conscience stoïcienne » comme s'il existait une sorte de pleine conscience dissemblable à celle utilisée par le bouddhisme ou par une forme de bouddhisme, actuellement si répandus en Occident. Qu'est-ce que l'on entend concrètement par la « pleine conscience stoïcienne » ? L'expression « pleine conscience » n'a jamais été associée au stoïcisme par le passé ; alors pourquoi l'utiliser aujourd'hui ?

Je suppose que cela est en partie dû au fait que de nombreux pratiquants de la méditation de pleine conscience (la capacité à former davantages la conscience du moment présent, de ses pensées et de ses émotions) s'intéressent au stoïcisme et sont frappés par cette similitude : la *prosoche* (l'attention), un terme utilisé par Épictète (cf. *Entretiens* 4.12, « De l'attention »). Cette similitude a conduit à l'intégration du terme « pleine conscience » au jargon stoïcien. Au premier abord, l'accent que le stoïcisme met sur l'attention, qui figure également dans les *Pensées pour moi-même* de Marc Aurèle, peut sembler similaire à l'idée de « formation de la conscience » à travers la méditation de la pleine conscience. Effectivement, les œuvres des stoïciens offrent de nombreux exemples de similitudes entre la méditation de pleine conscience et le stoïcisme. Je citerai deux d'entre eux avant d'établir dans quelle mesure la méditation de pleine conscience et la *prosoche* sont similaires.

Le premier exemple montre que la « pleine conscience » et la « pleine conscience stoïcienne » mettent tous deux l'accent sur l'importance du moment présent. Marc Aurèle garde à l'esprit que « chaque homme vit uniquement dans le moment présent… Toute autre chose est déjà survenue ou demeure incertaine » (*Pensées pour moi-même* 10.3). C'est également ce que soutient Thich Nhat Hanh, un éminent professeur contemporain d'études bouddhistes et adepte du courant religieux : « chacun doit être conscient du moment présent. Nous ne pouvons pas vivre à un autre moment que le présent ». Selon Thich Nhat Hanh et d'autres pratiquants de la méditation de pleine conscience, vivre pleinement dans le moment présent est un élément fondamental permettant d'accéder au bonheur puisque celui-ci prend sa source dans la capacité à « renouer le contact » avec les choses simples de la vie.

Le deuxième exemple explique une autre similitude essentielle : la pleine conscience et la *prosoche* stoïcien accordent tous deux une grande valeur au développement de l'*attention* et au fait de mener une vie moins « dénuée de conscience ». Épictète considérait la *prosoche* comme un élément d'une extrême importance : « Ne vous rendez-vous point compte qu'une fois votre esprit livré à la divagation, il n'est plus en votre pouvoir de le rappeler, de le ramener à la raison, au respect de soi, à la modération ? » (*Entretiens*, 4.12). De la même façon, Thich Nhat Hanh écrit que chaque action doit être effectuée en toute conscience : « Chaque action est un rite, une cérémonie… Le terme "rite" vous semble-t-il trop solennel ? Je l'emploie ici afin de vous amener à comprendre que la conscience est une question de vie ou de mort » (24, 1975).

Il semblerait que cela représente une similitude, bien que cette impression soit trompeuse. Ces similitudes sont tout à fait générales et je les mentionne uniquement dans le but de démontrer pourquoi l'on pourrait en venir à penser que l'objectif du *prosoche* stoïcien est similaire à celui de la pleine conscience. Cependant, en allant encore plus loin, il est également possible de faire le lien avec, par exemple, le concept « d'état de conscience » que l'on doit au christianisme et que l'on retrouve dans les enseignements des Pères du désert (les premiers moines chrétiens) répertoriés dans la *Philocalie des Pères neptiques*. Il serait néanmoins difficile d'affirmer que les préoccupations propres aux médiateurs contemporains de la pleine conscience et aux Pères du désert soient *identiques,* ou tout du moins habituellement non identiques. Effectivement, l'utilisation du terme « prêter attention » à beau leur être commune, leurs objectifs et leurs finalités diffèrent profondément ; je devrais également faire remarquer que la « pleine conscience » pratiquée dans le bouddhisme n'est nullement considérée comme étant semblable ou similaire à la pleine conscience « adaptée » du bouddhisme. Encore une fois, rien n'est avéré. Référez-vous, par exemple au travail de Dreyfus cité dans l'œuvre de Williams et Kabat-Zinn, 2013.

Par conséquent, la prochaine étape serait de déterminer le sens de l'expression « pleine conscience stoïcienne » dans un context estoïcien, en considérant la finalité de la philosophie et en utilisant ses techniques. Je pense véritablement qu'il est utile de dénommer *prosoche* ce que l'on entend par « pleine conscience stoïcienne » étant donné qu'il s'agit effectivement d'une discipline dédiée au fait de prêter une certaine attention. La question à poser est désormais : quelle *sorte* d'attention?

Vers une compréhension de la « pleine conscience stoïcienne »

La *prosoche*, à l'inverse de la méditation contemporaine de pleine conscience, ne s'intéresse pas, en soi, au moment présent mais cherche à appliquer les préceptes éthiques fondamentaux dans notre façon de vivre ce moment présent.

Épictète, dans *Entretiens*, 4.12., soutient qu'il existe deux sortes de préceptes éthiques que le stoïcien pratiquant devrait garder à l'esprit tout au long de la journée (par exemple, à l'aide de la *prosoche*). Premièrement, « nous ne devons désirer ni ce qui nous est extérieur ni ce qui ne nous est propre. À l'inverse, désirons uniquement ce qui se trouve dans les limites de notre volonté ». Deuxièmement, « nous devons nous souvenir de qui nous sommes, de comment nous nous faisons appeler, et nous devons tenter d'accomplir nos actions conformément à la situation présente et aux possibilités qu'elle offre ». La première citation se réfère à l'exhortation générale d'Épictète, laquelle nous incite à nous concentrer sur « ce qui est en notre pouvoir », c'est-à-dire le fait de bien agir dans nos « domaines de compétences ». (Souvent mal interprétée, cette importante distinction entre ce qui est ou non en notre pouvoir n'est pas une simple question de contrôle. Le stoïcisme se serait peu répandu en tant que philosophie s'il représentait uniquement l'idée de rester calme alors que votre train a du retard ou alors que votre char était endommagé ; la notion de « ce qui est en votre pouvoir » concerne également ce qui est *moralement* en votre pouvoir.) La seconde citation, qui rejoint aussi l'idée de déterminer ce qui est en notre pouvoir, porte sur le fait de remplir convenablement le rôle naturel et acquis qui est le nôtre (par exemple notre rôle de père, de frère, de sœur, ou tout autre titre que nous portions). Ce dernier précepte est lié à l'idée que, pour l'homme, le véritable bonheur provient de l'épanouissement de notre caractère social (cf. « La communauté humaine selon les stoïciens », Partie I, par Patrick Ussher).

Quelles sont alors les idées principales que le stoïcien devrait garder en tête, ou « devant les yeux » (par le biais de la *prosoche*) en suivant ces deux préceptes ?

Pour le premier, le plus important est de toujours se demander ce qui est en mon pouvoir. Il s'agit essentiellement d'évaluer si vous accordez plus d'importance à la dimension interne ou à la dimension externe d'une situation. En d'autres termes, vous est-il possible d'accorder particulièrement plus d'importance à la conservation ou à la croissance de votre propre force de caractère et à la capacité de bien réagir face à une situation ? Pouvez-vous considérer que ce soit la principale source de raison et de sens dans cette même situation ? Ou, à l'inverse, les éléments extérieurs qui ne sont pas en votre pouvoir *doivent*-ils se profiler d'une manière *spécifique* pour que vous soyez heureux ? En adoptant la première approche, la situation en soi ne subira aucun changement ; seul votre rapport avec celle-cisera modifié.

Pour le second précepte, le plus important est de considérer vos relations comme une source de sens, de raison d'être et de bonheur. Cette idée se concrétisera en se demandant, par exemple : « Comment réagirait l'un de mes proches ? », « Quelles sont les principales caractéristiques qui font de moi un bon enseignant ? », ou encore, « Comment être un fils exemplaire dans une situation telle que celle-ci ? ». Les réponses à ces questions établissent une certaine morale qui, à son tour, amène à prendre conscience de ce qui est « en mon pouvoir ».

Marc Aurèle nous propose un exemple primordial de mise en pratique de ces préceptes :

> « Chaque heure, vous vous concentrerez attentivement sur la réalisation d'une certaine tâche, et ce avec dignité, empathie, bienveillance, et liberté, délaissant toute autre pensée. Vous y parviendrez si vous réalisez chaque action comme si c'était la dernière... » *Pensées pour moi-même*, 2.5.1.

La *prosoche* stoïcienne ne pourrait s'exprimer plus clairement : mettre en pratique les qualités morales essentielles dans la mesure où elles s'appliquent à la situation. Selon le sens éthique aigu de Marc Aurèle, ce qui est « en son pouvoir » consiste à porter son attention sur la réalisation de sa tâche (précepte premier) mais aussi à la réaliser tout en étant aimable et bienveillant (précepte second). Pour le philosophe, le plus important réside en ce qui nous est propre : sa personnalité et sa façon d'appréhender les choses. Il n'est pas nécessaire que les faits extérieurs se déroulent d'une certaine façon afin de trouver le bonheur ou le sens de sa vie. Nous pouvons également constater que son attention portée sur le moment présent ne s'explique pas par le fait qu'il le considère comme étant la source du bonheur en lui-même, comme le soutient la méditation de pleine conscience moderne. En effet, il ne se soucie pas de développer une conscience sensorielle relative à chaque instant de son expérience présente mais cherche à utiliser le présent d'une manière adéquate et éthique. Ceci représente la différence principale entre la méditation de pleine conscience et la pleine conscience stoïcienne. Alors que la première cherche à augmenter le degré de conscience de plusieurs aspects d'une expérience dans le moment présent (qu'il s'agisse des pensées, des émotions, des sensations, ou du « moment » lui-même), la pleine conscience stoïcienne porte essentiellement sur le fait d'accorder de l'importance à la façon dont nous répondons aux exigences du moment présent avec les qualités nécessaires (entre autres, l'intégrité, la bienveillance, l'humilité et le courage).

En conclusion, bien qu'il ne soit pas adéquat de qualifier la *prosoche* de pleine conscience stoïcienne, historiquement, il est possible qu'il soit utile d'employer ce terme étant donné que, tout comme la méditation de pleine conscience, il comprend à l'évidence l'idée de développer une certaine forme d'*attention* : la pleine conscience stoïcienne cherche à impliquer la double distinction expliquée ci-dessus à toutes les situations que vous pourriez rencontrer tout au long de la journée. Cela ne signifie pas nécessairement qu'il soit impossible que la méditation de pleine conscience et le stoïcisme puissent s'entraider avec succès ; je n'ai aucun doute sur le fait que cela soit possible et factuel. Néanmoins, il est important de se rappeler que la *prosoche* stoïcienne portait sur quelque chose de complètement différent : savoir comment agir de manière adéquate et éthique dans le présent et se soucier dans une moindre mesure de l'importance de l'expérience même du moment présent.

En somme, la pleine conscience stoïcienne, ou *prosoche*, représente en réalité l'idée de garder à l'esprit les préceptes fondamentaux de l'éthique stoïcienne et de les mettre en pratique.

Références

Dreyfus, G., Is Mindfulness Present-Centred and Non-Judgemental? A Discussion of the Cognitive Dimensions of Mindfulness, extrait de Mindfulness: Diverse Perspectives on its Meaning, Origins and Applications par Williams M., Kabat-Zinn J. (eds.), Mindfulness: Diverse Perspectives on its Meaning, Origins and Applications. Routledge, Routledge, 2013

Nhat Hanh, T., *The Miracle of Mindfulness*. Beacon Press, 1975

PARTIE VIII

LE STOÏCISME EN LITTÉRATURE ET DANS LA CULTURE MODERNE

Le cercle d'Épictète : le stoïcisme en prison

Jeff Traylor

Introduction : Jeff Traylor explique que le Cercle d'Épictète « s'inspire de faits réels et de personnes ayant existé. L'histoire se passe dans l'ancienne prison de l'Ohio. Le livre relate le quotidien d'un groupe de détenus qui se réunit chaque semaine pour étudier les enseignements d'Épictète, un philosophe grec de l'Antiquité qui était esclave et prisonnier, et qui parvint à atteindre la sagesse et la compassion au travers de l'adversité. Le groupe est dirigé par l'inoubliable Zénon, un ancien boxeur professionnel condamné à perpétuité qui démontre que notre principal adversaire réside au sein même de nos propres pensées. Zénon compare la pensée à la boxe et enseigne aux autres détenus les rudiments de la Lutte Intérieure et des Dix Combats pour la Maîtrise de Soi. Le lecteur est entraîné au sein de ces réunions philosophiques où ces hommes recherchent le sens de leur vie, mettent K.O toutes leurs fausses excuses, tournent l'adversité à leur avantage, transforment leurs attentes et frustrations en gratitude, reconnaissent les conséquences de leurs actions ainsi que la façon dont elles ont affecté autrui, apprennent à faire face à la provocation ou au stress et assimilent bien d'autres leçons de vie.

Les descriptions de l'institution sont factuelles. Certains des événements relatés n'ont pas eu lieu au sein de la prison de l'Ohio mais au centre de détention du comté de Marion. Les détenus mis en scène sont fictifs et les noms du personnel pénitentiaire ont été modifiés. Lorsque j'ai commencé ce livre, mon principal objectif était de proposer un outil de révision aux hommes qui venaient de terminer le programme d'aptitudes cognitives que je dispense dans un établissement correctionnel communautaire. Au cours de ce programme, les hommes étudient la plupart des idées traitées dans ce livre qui, par conséquent, représente un outil pratique et instructif pour revoir ces concepts alors qu'ils se préparent à réintégrer la société. Au fur et à mesure de ma progression, j'ai découvert que ce livrepouvait également servir une autre cause : exposer ces concepts et ces idées aux détenus et aux condamnés en sursis dans d'autres centres de détention qui n'ont pas accès a ce type de groupes. »

Le livres'ouvre sur « Le Slam d'Épictète » :

> Moi, c'est Épictète, je suis venu pour te parler,
> Te dire que si t'as pas le cerveau en place, t'es qu'un pantin, un jouet.
> J'ai été esclave, tu sais, on m'a fait prisonnier,
> J'ai fais tout ce que j'ai pu pour contrôler mes actions, pour bien me comporter.
> Je me suis servi de mon cerveau pour vivre, pour y arriver,
> J'ai laissé tomber mes droits, j'ai arrêté de penser
> Que tout m'était dû, tout ce que les autres avaient.
> J'ai appris à poursuivre d'autres buts et tout s'est arrangé.
> J'ai réalisé que mon esprit était étroit et que je voyais rien,
> Ni les choix, ni les options, ni les possibilités que j'avais à portée de main.
> J'ai fais vœu de prendre conscience de ma liberté,
> J'étais libre dans mon cœur et j'étais libre dans ma pensée,
> Et, mec, c'est par la pensée qu'il faut commencer.
> Laisse-moi te dire quoi faire pour vivre pour de vrai,
> Pour être fier de ta vie, une vie où tu donnes sans regarder
> Au lieu de toujours tout prendre sans arrêt,
> Au lieu de t'abandonner à l'alcool, à la drogue et au péché.
> Fais le vide dans ta tête, fais le vide dans ta conscience,
> Fais le vide sur ton casier, fais le vide de tes sens,
> Y'a pas de plaisir dans la satisfaction directe de l'existence.
> Tu crois que la condition dans laquelle t'es tombé
> Peut faire de toi une victime de la société,
> Mais c'est pas comme ça que ça marche, mon gars,
> Tu dois retomber sur tes pattes comme un chat.
> Prends-le problème à l'envers, change ta vision des choses,
> Au lieu de te sentir mal, demande-toi comment changer les choses,
> Te contente pas de purger ta peine, sois pas débile,
> Il existe un endroit où, si tu te la joues tranquille,
> Tu deviendras plus fort dans ta tête, plus fort dans ton cœur,
> Quand tu sortiras d'ici, mon frère,
> Tu sauras d'où partir, t'auras plus peur
> De te construire une vie qui a du sens, la vie qu'il te faut,
> D'oublier ton passé, tes exigences et ton avidité, tous tes défauts.
> Au lieu de voler dans les quartiers, tu seras quelqu'un de bien.

> Oublie ton délire de Robin des Bois, mec, remets-toi sur le droit chemin.
> Arrête avec tes excuses, arrête de chercher un coupable,
> Sois maître de toi-même, mon frère, deviens responsable.
> *Le Cercle d'Épictète* (extrait)

La réunion commença à sept heures précises. Zénon nous souhaita à nouveau la bienvenue et commença par un rapide compte-rendu de notre précédente rencontre. « Qui peut me dire ce que le mot C.A.I.D signifie ? » demanda-t-il

Eddie prit la parole. « La Crainte, l'Apathie, l'Inertie et le manque de Discernement. Ce sont les quatre murs qui nous emprisonnent. »

« Exact. Ce soir, nous allons parler de la manière dont nous pouvons briser ces murs ou, comme le disait Animal, sortir du puits et plonger dans l'océan. Commençons par l'histoire du feu de camp et du point d'eau. Je vais vous décrire deux scénarios et je veux que vous choisissiez celui que vous préféreriez. Dans le premier scénario, vous passez à côté du feu de camp, vous trébuchez, vous tombez et votre main se retrouve dans le feu. Dans le second scénario, vous passez à côté du feu de camp, vous trébuchez, vous tombez, votre tête se cogne contre un rocher, vous perdez connaissance et votre main finit dans les flammes. Quel scénario préférez-vous ? »

Les hommes semblent perplexes puis l'un d'eux répond :

« Le premier.

- Pourquoi ? demanda Zénon.

- Parce que je pourrais retirer ma main du feu immédiatement. »

Certains opinèrent de la tête.

Un autre homme déclara qu'il préférerait le second scénario expliquant que « je ne sentirais pas la douleur si je suis inconscient ». Quelques hommes partagèrent son opinion.

Le premier homme répondit : « Ce n'est pas parce que tu ne ressens pas la douleur que le mal n'est pas fait. Qu'adviendra-t-il de ta main si tu ne la retires pas des flammes ? »

Le second homme admit alors qu'elle brûlerait sans doute entièrement et il demanda s'il lui était possible de changer d'avis et de choisir le premier scénario.

« La douleur et les conséquences de nos actes présentent un intérêt louable, expliqua Zénon, mais uniquement si nous leur prêtons attention. Elles peuvent nous encourager à effectuer les changements nécessaires, à retirer notre main du feu, mais uniquement si nous prenons leur existence en compte. Les conséquences dont nous n'avons pas conscience sont inutiles ». Tous les hommes étaient désormais d'accord pour dire que le premier scénario était préférable et qu'il était nécessaire de ressentir de la douleur un instant pour éviter de subir des dommages à long terme.

« Chacun de nous a sûrement eu la main dans le feu à un moment de sa vie, mais il nous est possible de se mentir et de prétendre que cela n'a que peu d'importance, affirma-t-il en cachant sa main droite dans sa manche sous les rires des autres hommes. Comment nous maintenons-nous inconscients des conséquences néfastes et de la douleur que nous avons amenées dans nos vies ?

- Avec la drogue et l'alcool, répondit Shakes. C'est ce que j'ai fait et j'ai fini par me réveiller ici, avec un mal de tête vieux de dix ans !

- En traînant avec des potes qui font le même genre de choses que moi. Ils n'ont tous qu'une seule main, comme moi, alors ça semble normal, répondit un autre.

- Je traîne avec des types qui n'ont plus du tout de main, comme ça j'ai l'air malin alors que je suis en train de brûler aussi, répondit un troisième.

- Je me dis juste que ce n'est pas si grave, même quand ça l'est.

- Je n'y pense pas du tout.

- Être le centre de l'attention, c'est comme ça que je faisais, répondit Animal.

- Vous comprenez l'idée, dit Zénon. Nous avons des moyens de repousser la douleur et les conséquences de nos actes en dehors de nos vies et même de nous montrer sous un bon jour lorsque nous le faisons, mais quoi qu'il arrive, nous en subissons les conséquences néfastes. Puisque nous étions tous d'accord pour dire qu'il est préférable de sortir notre main du feu au plus vite, faisons une petite activité pour prendre davantage conscience des conséquences de nos actes. Le but n'est pas de nous montrer à quel point nous sommes mauvais mais plutôt de nous faire réaliser à quel point la vie que nous nous créons est mauvaise. Ainsi nous nous encouragerons à changer et à empêcher que nous et nos familles ne souffrions davantage. »

C'est alors qu'il expliqua, en citant Épictète, l'activité qui allait suivre : « Commencez par déterminer ce qu'il se passe et par comprendre ce à quoi cela mène. Ensuite, agissez en fonction de ce que vous avez appris ».

Zénon demanda aux hommes de réfléchir aux résultats de leur vie de criminel et il écrivit leurs réponses au tableau tandis qu'ils prenaient la parole à tour de rôle. Perte de la liberté, stress, colère, dettes, perte du respect de sa famille, perte du respect de soi, mauvais modèle de conduite pour leurs enfants, perte de leur emploi, dépression, problèmes de santé, anxiété et paranoïa constituèrent la première série de réponses. Le tableau fut noirci après quelques autres tours de table puis Zénon divisa la liste en plusieurs catégories : conséquences physiques, émotionnelles, sociales, mentales, financières, spirituelles, et autres. « Qui d'autres, en plus de nous, souffre de ces conséquences ? demanda-t-il.

- Mes enfants, répondit Shakes immédiatement.

- Mon employeur a beaucoup perdu dans tout ça, répondit Leonard. Le temps de trouver quelqu'un pour me remplacer et de le former, il avait presque fait faillite. Et si c'était arrivé, tous les autres employés aussi auraient perdu leur travail.

- Les contribuables en souffrent aussi, déclara Animal.

- Je ne suis pas d'accord, répondit un autre. J'ai payé mes impôts toute ma vie alors maintenant, ils sont simplement en train de me rembourser.

- Tu veux dire que plutôt que de financer la construction de routes, d'écoles et d'hôpitaux, tes impôts étaient destinés à payer ton séjour en prison ? demanda Animal. Plutôt que d'ouvrir une épargne de retraite, tu as ouvert une épargne d'incarcération ? J'imagine la tête de ton banquier quand tu lui raconteras ça ! »

- Le groupe éclata de rire et l'homme admit finalement que les contribuables payaient effectivement son séjour en prison. D'autres réponses listées au tableau indiquaient que les victimes et leurs familles, les pères et les mères, les oncles et les tantes, les nièces et les neveux, les amis et la société souffraient de ces mauvaises actions.

« À présent, prenez une feuille et dessinez-y un cercle de la taille d'une pièce de cinquante centimes. Dans ce cercle, écrivez « mon ancienne vie ». Ce cercle représente la vie que vous meniez dans le passé et à cause de laquelle vous êtes aujourd'hui en prison. Dessinez maintenant quatre traits provenant de ce cercle et ajoutez un nouveau cercle au bout de chacun de ces traits. Dans chaque nouveau cercle, écrivez le nom d'un élément auquel vous avez dû renoncer à cause de cette vie. Choisissez des éléments de catégories différentes mais prenez soin d'inclure le mot « autre » dans l'un des cercles. »

Après quelques minutes, les hommes avaient terminé de remplir leurs cercles. Zénon leur demanda ensuite de dessiner trois traits autour de chacun de ces quatre cercles et d'écrire aubout de chacun de ces traits un élément auquel ils avaient dû renoncer à cause de l'élément du cercle précédent. « Par exemple, si vous avez indiqué le stress dans le cercle précédent, posez-vous la question suivante : « à quoi cela mène-t-il ? ».

Peut-être que cela mène à la colère et dans ce cas, vous noteriez « colère » dans l'un des trois cercles reliés à « stress ». Peut-être que cela mène à des disputes avec votre femme ou votre copine. Peut-être que cela vous cause des mots de tête. Pour chaque cercle, demandez-vous à quoi cela vous mène et écrivez la réponse dans un nouveau cercle. Au bout de chacun de ces nouveaux cercles, notez le nom de trois personnes qui souffrent de ces conséquences avec vous et pour chacun d'eux, notez la façon dont ils en souffrent et à quoi cela mène pour eux. »

Quelques minutes plus tard, Zénon annonça : « Je vais vous laisser un peu de temps pour continuer cet exercice. Dessinez de nouveaux traits et de nouveaux cercles autour de chaque élément et écrivez ce que cet élément vous a coûté. Bien que cela n'en ait pas l'air, plus vous pourrez ajouter de cercle, mieux ce sera. »

Les hommes étaient absorbés dans leur tâche lorsque Zénon leur demanda d'arrêter, de regarder leurs diagrammes et de commenter les cercles comme ils le souhaitaient.

« Je n'arrive pas à croire qu'autant de problèmes découlent d'un seul élément !

- Tout cela est très négatif.

- Je retrouve souvent le même élément dans plusieurs cercles.

- Combien d'entre vous ont repéré un élément qui revient sans cesse ? » demanda Zénon.

Toutes les mains se levèrent. « C'est comme un chien qui court pour attraper sa queue, remarqua Eddie. Tous mes cercles, quel que soit celui par lequel j'ai commencé, finissent par mener à la colère, à la prison, à la drogue ou à la mort. »

« Je ne m'étais jamais rendu compte que mes actions causaient autant de souffrance chez les autres. Je n'y avais jamais pensé avant et je n'arrive pas à croire ce que j'ai devant les yeux mais il le faut car c'est juste là, devant moi ! s'exclama un autre. Vendre de la drogue m'a mené à faire de la prison, ce qui m'a mené à être loin de mes enfants, ce qui a influencé leurs résultats scolaires, ce qui a mené l'aîné à laisser tomber les études, ce qui lui cause des difficultés pour trouver un emploi et donc des problèmes d'argent. C'est presque insupportable pour moi de voir ça. Tout cela peut avoir des conséquences graves sur mes futurs petits-enfants alors que je pensais aider ma famille ! »

Tous se turent quelques minutes et observèrent les résultats de leur ancienne vie écrits sur la feuille de papier qu'ils tenaient entre leurs mains.

Un autre membre du groupe, qui n'avait pas parlé lors de la dernière réunion, rompit le silence. « Nos traditions nous enseignent que l'on devrait prendre en compte les conséquences de nos actes sur les sept générations à venir », expliqua Manny, un amérindien d'environ trente ans aux cheveux d'ébène et aux yeux enfoncés. Il étudiait les enseignements traditionnels de son peuple et il contestait devant le tribunal la règle selon laquelle tous les détenus devaient porter les cheveux courts. « Si vous pouvez affirmer que vos actions ne porteront pas préjudice à vos descendants, alors vous pouvez agir. »

« On peut dire qu'il s'agit là d'une vision à long terme, Manny, répondit Zénon. Merci d'avoir partagé avec nous la sagesse antique de ta culture. Il est intéressant d'observer à quel point certains de ces anciens enseignements peuvent être similaires. Si vous me le permettez, revenons un instant à l'histoire du feu de camp : maintenant que nous avons fait l'exercice des cercles, il est probable que nous retirerions nos mains des flammes avant de nous brûler car nous avons conscience de la douleur que cela provoque. Vous ne venez pas de vous infliger de nouvelles conséquences néfastes, vous avez simplement pris conscience du prix que vous et bien d'autres personnes ont à payer ou auront à payer à l'avenir à cause de vos actes. Et qui sait ? Peut-être que cela aura une influence sur les sept prochaines générations, comme l'a dit Manny. »

Zénon dessina neufs points sur le tableau et relia ces points par un même cercle. « Ne pas penser aux conséquences de nos actes nous emprisonne. » Il dessina des traits et des cercles émanant du premier cercle et ajouta : « Chacune des conséquences que vous avez identifiées à la suite du premier cercle représente une prise de conscience accrue, une façon de penser en dehors de ce cercle vicieux. Et penser en dehors de ce cercle vicieux vous permet de vous en libérer.

« Cet exercice des cercles est un outil que nous pouvons utiliser pour nous libérer du C.A.I.D. qui nous enferme dans ce cercle vicieux. Lorsque vous pensez à effectuer un changement concret, quelles sont les peurs qui vous viennent à l'esprit ?

- J'ai peur de perdre mes amis si je change ma manière d'être, commenta l'un des hommes.

- J'ai peur d'avoir une vie ennuyeuse.

- L'argent rapide et facile me manquerait, déclara un autre, exprimant ainsi l'avis de plusieurs des membres.

- J'ai peur d'échouer et de me laisser aller à mes vieilles habitudes de nouveau.

- J'ai peur de la tentation.

- Je perdrais le respect de mes associés si je changeais. »

Zénon lista ces peurs au tableau puis demanda à chaque homme d'écrire la sienne sur une feuille de papier. « À présent, prenez cette feuille dans la main gauche, prenez celle où vous avez dessiné les cercles dans la main droite et tenez-les à bout de bras. Cela représente l'échange que vous opérez : vous payez le prix des conséquences qui se trouve dans votre main droite pour ne pas avoir à faire face aux peurs qui se trouve dans votre main gauche. »

Il se tourna ensuite vers l'homme qui avait peur de perdre ses amis et lui demanda si ces derniers valaient la peine de subir les conséquences écrites dans les cercles, parmi lesquelles se trouvaient le fait d'être seul en prison et loin des amis en question. « Je vois bien que mes vieilles habitudes ont en fait causé ce que je craignais le plus, je suis plus seul que jamais. D'ailleurs, aucun ami ne vaut le prix que je paye. Putain, je n'entends même plus parler d'eux maintenant que je suis derrière les barreaux. »

Zénon demanda ensuite à un autre homme s'il appréciait cette routine et ces jours qui se ressemblaient tous : se lever, aller au réfectoire, être compté, aller à la cantine et aller se coucher à la même heure chaque jour de la semaine. « Absolument pas, il faudrait être taré pour aimer ça ! » répondit-il.

- C'est pourtant exactement ce que tu reçois en récompense de tes efforts pour éviter cela, pas vrai ?

- Je vois ce que tu veux dire : je paie le prix de vivre une vie ennuyeuse pour ne pas prendre le risque de vivre une vie ennuyeuse. On en revient au chien qui court après sa queue, non ?

-Avant que tu ne dises quoi que ce soit, Zénon, je vois déjà à quoi l'argent rapide et facile m'a mené, déclara Eddie. Quand je regarde tous les cercles que je tiens dans ma main droite, je vois qu'en réalité, il est tout sauf rapide et facile. Je m'en serais bien mieux sorti en travaillant pour le salaire minimum si on le compare avec ce que tout ça m'a coûté. Sans parler des conséquences que ça a eu sur ma famille.

-Et ma peur de l'échec m'a mené au stress, à la dépression, à la colère, à la perte de ma famille, à l'endettement, à la perte de mon emploi, et à bien plus encore. On ne peut pas vraiment dire qu'il s'agisse d'un succès retentissant, admit un autre homme ».

Zénon aborda ensuite l'idée de la tentation. « Pourquoi sommes-nous tentés par certaines choses ? demanda-t-il.

- Facile, c'est quelque chose que nous aimons et que nous désirons, répondit l'homme qui avait parlé de sa peur de la tentation.

- Exact. Mais si l'on essaye d'avoir une vue d'ensemble et que l'on observe à quoi cela mène, il se peut que vous réalisiez que ce n'est pas si tentant, finalement. Si vous prenez en compte le fait d'être enfermé ici, loin de votrefamille, ainsi que tous les autres cercles que vous avez dessiné, vous devriez voir que ces vieilles tentations perdent soudainement de leur attrait. Essayez d'avoir une vued'ensemble, changez votre façon de penser. »

C'est alors qu'intervint Animal. Cela lui rappelait une histoire à propos d'un chien. « Si nous ne prenons pas en compte toutes ces conséquences à longterme, c'est comme si nous essayions de promener uniquement la première moitié d'un chien. Nous aimons tous la moitié du chien qui se trouve à l'avant : elle vous lèche, vous pouvez lui donner à manger et tout ça. Mais on ne veut pas de la partie arrière du chien : la partie dégueu et puante. Cela dit, un chien a deux côtés, tout comme nos actions. On ne peut pas promener que la partie avant du chien, tout comme on ne peut pas faire la fête ou commettre des crimes, sans prendre avec nous la partie arrière. Nous n'avons pas d'autre choix que de nous promener avec tout le chien. »

« Et le petit sac-à-crotte ! s'exclama Eddie, sous les rire des autres.

- C'était... intéressant, Animal », répondit amicalement Zénon.

Il se tourna ensuite vers l'homme qui s'inquiétait de perdre le respect des autres détenus. Zénon expliqua qu'il s'agissait, selon Épictète, d'une crainte particulièrement nocive en s'appuyant sur une citation du *Manuel* : « Ceux qui recherchent une vie meilleure doivent se préparer à être ridiculisés ou critiqués par leurs pairs. Parmi celles qui ont progressivement abaissé leurs normes personnelles pour être acceptés par autrui, nombreuses sont les personnes qui éprouveront du ressentiment à l'encontre de ceux qui cherchent à s'améliorer. Ne vis jamais en fonction de ces pauvres âmes. Fais preuve de compassion à leur égard sans pourtant t'écarter du bien. Il est de ton devoir de te diriger toi-même dans une dignité sereine et de t'entenir à tes objectifs et à tes idéaux. Reste fidèle à ce que tu considères comme juste au fond de toi. Un caractère inébranlable t'amènera l'admiration de ceux qui auront tenté de te ridiculiser. »

Après avoir terminé l'explication permettant de dissiper ses peurs à l'aide de l'exercice des cercles, qu'il compara au bouclier d'un guerrier capable de nous protéger des mauvaises décisions, Zénon aborda un nouvel aspect de l'envers du cercle vicieux :

« Vous pouvez également utiliser ces cercles pour contrer les deux dernières lettres de C.A.I.D, l'Apathie et l'Inertie. La motivation est une arme de contre-attaque face à la crainte, l'apathie et l'inertie et si toutes les conséquences de nos actes ne nous encouragent pas suffisamment à prendre tout cela à cœur et à effectuer les changements nécessaires, alors je ne sais pas ce qui y parviendra. Selon Épictète, un esprit qui n'est qu'à moitié dévoué n'a aucun pouvoir et un effort hésitant ne mène qu'à un résultat incertain. Utilisez ces cercles pour stimuler votre motivation et ainsi sortir du puits.

Il ne reste qu'une lettre du mot C.A.I.D. à traiter, et selon Épictète, il s'agit d'une lettre importante : le manque de discernement ou d'objectif. En réalité, Épictète a dit que le Mal n'existait naturellement ni dans le monde ni dans les hommes. D'après lui, il résulte de l'oubli du sens de la vie. Notre temps est écoulé pour aujourd'hui, nous discuterons de ce sujet la semaine prochaine. Passez une bonne semaine, messieurs. »

Sur ces mots, les hommes sortirent du couloir de la mort et traversèrent la cour dans le froid et le vent pour rejoindre leurs cellules.

Pour recevoir la version anglaise en format PDF du livre *The Epictetus Club* (Le Cercle d'Épictète), veuillez contactez l'auteur à l'adresse suivante : *epictetusclub@aol.com*

The phœnix cycle : science-fiction et stoïcisme

Bob Collopy

Introduction

L'extrait présenté ci-dessous provient de *The Phoenix Cycle*, une saga qui cherche à saisir l'essence de diverses philosophies et à les intégrer à une même intrigue. Chacun des personnages principaux incarne une philosophie qui s'associe aux autres ou s'efforce de les annihiler. Dans cet extrait, le personnage de Johnny joue le rôle d'un philosophe stoïcien tandis que le Général représente le marquis de Sade.

***

Le Général se dirigea vers Johnny et lui tendit un verre. « Ah bah non, c'est vrai ! » Le Général posa les verres de vin sur l'accoudoir du fauteuil en bois avant de dénouer la corde qui entravait le bras de Johnny. Ce dernier demeurait les yeux rivés sur le feu, hypnotisé par le cadavre de la jeune fille qui partait peu à peu en fumée.

« Laisse-moi deviner », dit le Général en desserrant la corde qui retenait fermement le poignet droit de Johnny. « C'était ta voisine. Tu as grandi en l'observant à travers la fenêtre... Parfois, en sortant tes poubelles, tu trouvais le courage de la "croiser par hasard" ». Le Général haussa les sourcils et changea de ton alors qu'il poursuivait son monologue.

« Quand tu as découvert qu'elle ramenait d'autres mecs chez elle, tu t'es allongé sur ton lit et tu as eu l'impression que le temps s'était arrêté... Ce soir-là, tu n'as pas touché à ton repas et tu n'en a senti que le fumet qui t'embuait le visage. »

Le Général continuait d'un ton monotone : « Mais dès que le gars l'a quittée, tu étais là et tu t'es précipité pour lui offrir une épaule sur laquelle pleurer. Tu es devenu son ami ». Le Général leva les yeux au ciel et grimaça. « Tu étais le mec "gentil". » Le Général reporta son attention sur le nœud. « Mais d'une manière ou d'une autre, tu as réussi à devenir plus qu'un ami, pas vrai ? C'est mignon... Et elle était incroyable, n'est-ce pas ? Ah, elle n'était pas parfaite, bien entendu, mais ses imperfections ne la rendaient que plus réelle. Et c'est exactement ce que tu voulais. Elle était devenue bien plus qu'une silhouette de l'autre côté de la fenêtre, elle était devenue tienne. »

Le nœud autour du poignet de Johnny se défit et le libéra de son emprise. Son bras retomba sans vie bien qu'il eût recouvré la liberté. Le Général contourna la chaise de Johnny et sortit une longue tige métallique de son sac. Les larmes montèrent aux yeux de ce dernier alors que la tristesse le submergeait. Le Général s'approcha du feu ; l'herbe bruissait sous ses pas. Les flammes se reflétaient dans ses lunettes noires d'aviateur.

« Quelqu'un tenait à toi. Tu valais quelque chose. Tes actions avaient un sens. Elle te donnait l'impression d'être un homme. Un vrai. » Le Général inspira longuement et attisa le feu à l'aide de la longue tige métallique, tournant le dos à Johnny alors assis à sa gauche.

« Elle a fait de toi un homme vertueux ». Le tisonnier caressa la main de la jeunefille en train de brûler, se faufila sous ses doigts et souleva lentement sa main.

« Arrête ! », hurla Johnny.

Le Général se tourna vers la chaise sur laquelle le jeune homme tremblant était attaché. Le cœur de Johnny cessa de battre. Le feu lui-même n'osait plus crépiter. Le Général, dont le visage était dépourvu de toute expression, plongea son regard dans les yeux verts de Johnny. Le tisonnier sur lequel reposait la main de la jeune fille se figea.

Les deux hommes se fixaient. Johnny ne pouvait plus s'arrêter de trembler. Son regard s'enlisait dans la noirceur caverneuse des lunettes du Général qui menaçait d'aveugler Johnny et de l'ensevelir dans les ténèbres. Hélas, même avec une main libre Johnny ne parvenait pas à se ressaisir.

Le visage du Général se crispa brusquement. Il éleva le tisonnier et le planta dans les charbons ardents. La main de la jeune fille retomba dans les flammes. Le Général s'approcha de Johnny, dégaina un pistolet et le lui colla contre le visage : « Mais c'est que ça parle ! » Le Général saisit Johnny par les épaules et le secoua si violemment que son cou émit un bruit sec.

« Tu veux que j'arrête ! », aboya le Général. Sa voix était aussi rauque que celle d'un fumeur de longue date. Le Général plaqua son visage contre celui de Johnny en faisant mine de montrer les crocs, comme s'il était prêt à lui sauter à la gorge tel un Rottweiler : « Tu veux que j'arrête ! »

Le Général recula, saisit Johnny par le poignet et lui flanqua le pistolet dans la main. « Alors bute-moi ! ». Le Général colla le pistolet sur son propre torse.

Johnny ne parvenait pas à saisir le comportement suicidaire du Général, et il commençait à perdre connaissance, assis sur sa chaise. Il avait l'impression que c'était lui qui brûlait derrière les flammes. Dans un réflexe d'auto-défense, il articula mécaniquement : « Je suis un homme vertueux ».

Le Général s'esclaffa : « Toi ! Vertueux ! Laisse tomber tes convictions foireuses ! T'imagines pas que tu as quoi que ce soit de vertueux quand tu t'empêches de faire ce dont tu crèves d'envie ! »

Johnny leva les yeux vers un ciel chargé de nuages menaçants. « Je suis le cours de la nature. »

« Suivre le cours de la nature ? » Le Général leva les yeux vers le même ciel funeste et ajouta d'un ton méprisant : « Je ne me souviens pas de la dernière fois que de l'eau est sortie de ces nuages. »

« Le monde a commencé dans les flammes et dans les flammes il s'achèvera. Je l'accepte. Je suivrai le cours de la nature et délaisserai le chemin de la passion. »

« OK, ça suffit. » À plusieurs reprises, le Général frappa Johnny qui revint à la réalité. Le Général s'écria : « Soucis-toi plutôt du coup de feu qui va sortir de ce canon ! ».

Les yeux de Johnny s'arrêtèrent sur les lunettes impénétrables du Général.

« Tu crois ne pas être à la merci de la passion ? Mais la nature *est* passion ! La nature ne pense pas. Elle ne réfléchit pas, elle ne se remet pas en question. La nature fait ce que bon lui semble. Vas-y, fais-le ! Laisse-toi aller, t'en crèves d'envie. Tire ! Laisse-toi porter par le cours de la nature. Que le sang coule à flot ! »

Le pouce du Général glissa le long du canon et arma le chien du pistolet.

« Non », souffla Johnny.

« Tu crois que de rester planter là va m'arrêter ? » Le Général se tourna vers le feu : « C'est ce qu'ils croyaient aussi ! »

Johnny lança un coup d'œil vers l'amas de chair que dévoraient les flammes. Sa respiration s'accéléra et il sentit ses convictions l'abandonner. Sa main tremblait violemment, indécise. Johnny était assailli par le doute.

Bien qu'il vit le doigt de Johnny s'approcher lentement de la détente, le Général poursuivit son discours pernicieux : « J'ai tué l'amour de ta vie et tous ceux que tu as jamais connu ! Je t'ai tout pris, tout, tu m'entends ? » Le Général s'abaissa au niveau des yeux affolés de Johnny et déclama d'un ton shakespearien : « ...et j'ai adoré ça. »

Johnny essayait de passer outre la douleur cuisante qu'il ressentait mais ne pouvait s'empêcher d'envisager la possibilité que lui offrait l'arme qu'il tenait d'une main tremblante. Le Général secoua

Johnny et aboya : « Tu le sens, ce désir irrépressible qui te ronge les entrailles ? » Le Général le frappa au bas-ventre et Johnny vacilla vers l'avant. Le Général le saisit par les cheveux et le redressa. « Tu le sens, pas vrai, ce désir brûlant de me... descendre ? Tu le sens se répandre dans tes veines à chaque battement de cœur. » Le Général écarta son visage de Johnny. Le feu crépitait. Il inclina la tête : « C'est excitant, n'est-ce pas ? »

Les lèvres de Johnny tremblaient : « Je veux juste être heureux... »

Le Général s'approcha doucement et posa une main rassurante sur l'épaule de Johnny tout en maintenant l'arme pointée sur son propre torse. « Très bien, alors tu sais ce qu'il te reste à faire. Nous savons l'un comme l'autre que je ne m'arrêterai jamais. »

« Mais je ne peux pas... Je ne peux pas être heureux si je deviens une sorte de... monstre. Un monstre tel que toi ! » Johnny se libéra de l'étreinte glaciale du Général. Il hurla. Ses nerfs lâchèrent. Il pointa le pistolet sous son menton et appuya sur la détente.

PAN !

Un bref éclair jaillit du canon. La douille fût éjectée du pistolet et vint percuter les lunettes du Général. De la fumée s'échappa entre le canon et le menton de Johnny. L'odeur de soufre envahit leurs poumons.

Déconcerté, Johnny regarda le Général avec de grands yeux écarquillés. Ce dernier lui lança un regard noir, soupira et leva les yeux auciel. La main de Johnny tremblait de nouveau mais gardait le pistolet collé sous son menton.

« Qu'est-ce que t'es con ! », s'exclama le Général. Il se redressa en grognant de douleur, affaibli par les années. Il arracha le pistolet des mains tremblantes de Johnny, lui fit face et lui dit d'un ton sec : « Tu pensais vraiment que ça allait marcher ? »

Le Général pointa l'arme vers Johnny et tira trois coups successifs. Johnny tressaillait à chaque détonation ; il retrouvait peu à peu la volonté de vivre. Le Général secouait la tête alors que Johnny se débattait sur le fauteuil.

« Pauvre con. »

Il tourna les talons et s'approcha du feu. Il saisit le tisonnier et le retira des flammes. Le Général regardait au loin dans l'attente que les dernières lueurs du jour disparaissent.

Socrate au pays des Saracens

Jules Evans

Avouer à des étrangers, au cours d'une conférence, que j'ai souffert de dépression et d'angoisse me semble encore étrange aujourd'hui. Bien que je sois, en quelque sorte, habitué à me dévoiler, il m'arrive encore de penser : « Est-ce vraiment une bonne idée ? ». Cela m'est arrivé cette semaine alors que j'étais face à un gymnase rempli d'imposants rugbymans de l'équipe des Saracens, l'un de principaux clubs de rugby britanniques. Ils m'écoutaient, impassibles, alors que j'expliquais comment la philosophie m'avait aidé à contrer mes crises d'angoisse.

Les Saracens m'avaient invité à venir sur leur camp d'entraînement de Saint Alban pour parler de la philosophie antique, de l'éthique de la vertu et de la vision d'une vie juste qu'avaient développée les Grecs. Selonmoi, et les Saracens sont d'accord avec cette idée, l'éthique joue un rôle essentiel dans le sport. Les sportifs font quotidiennement face aux questions soulevées par Socrate : cela vaut-il la peine de vivre selon des principes éthiques ? Comment trouver un juste équilibre entre les biens intérieurs et les biens extérieurs ? À quoi correspond une vie prospère ? Comment faire face aux pressions extérieures tout en restant droit et intègre ?

En tant que spectateurs, nous aimons penser que les sportifs professionnels sont de fringants chevaliers et que les entraîneurs sont une source de sagesse morale à l'image d'Éric Taylor dans *Saturday Night Lights*[7]. Alors que la société est désormais régie par le langage de la gestion technocratique, le sport conserve un discours moral, on parle ainsi des *valeurs*, du *caractère* et de la *philosophie* d'une équipe. L'adjectif *stoïcien* a beau avoir presque disparu de la philosophique théorique, il demeure omniprésent dans le domaine sportif (l'impassible

---

[7] *Saturday Night Lights* est une série télévisée américaine. Kyle Chandler y interprète le rôle d'Éric Taylor, un entraîneur de football américain.

Ivan Lendl[8] ayant été le dernier à bénéficier d'une accolade « stoïque »).

Peut-être avons-nous tenté de combler par le sport le vide autrefois occupé par Dieu en considérant les sportifs comme des modèles de vertu et les matchs comme un exutoire à l'extase collective.

L'Angleterre, qui fut autrefois la patrie de la religion fondamentaliste qu'incarnaient des personnalités comme William Blake[9] ou John Wesley[10], ne s'exalte plus que devant le sport (ou devant un festival de danse). Nous avons sécularisé l'exaltation, de la même façon que nous avons sécularisé l'hymne *Jérusalem*[11] de Blake en lui attribuant le statut d'un chant de supporters. La sacralisation du sport peut mener à une exubérance démesurée comme celle dont nous avons été témoin lors de la victoire d'Andy Murray au tournoi de Wimbledon comme s'il s'agissait d'une sorte de sacrifice divin par lequel Murray avait sauvé la Grande-Bretagne de ses fautes et lui avait apporté le salut... Examinons par exemple ce paragraphe issu du *Times* :

« Parler de joie serait trop conventionnel. Ce à quoi nous avons assisté surpassait la définition même de la joie : pendant un court instant d'éternité, il n'y avait plus en nous que béatitude. Nous avons assisté à un événement d'une envergure sans précédent, un exploit que personne n'avait jamais réalisé au cours de l'Histoire, un exploit auquel cet homme avait dédié sa vie... On aurait presque pu penser que quelque chose de bien plus grand qu'un prix avait été remporté, qu'une quête mystique et légendaire avait été accomplie. Nous n'étions presque plus dans la métaphore lorsque qu'il s'empara enfin la coupe d'or enchanteresse : il brandissait le Saint Graal. »

---

[8] Joueur de tennis tchécoslovaque ayant remporté 94 titres entre 1978 et 1994.
[9] Peintre, graveur et poète romantique britannique du XVIème siècle.
[10] Prêtre anglican britannique du XVIème siècle considéré comme étant le père de l'Eglise méthodiste.
[11] Anciennement connus ous le nom de *And did those feet in ancient time*, cet hymne est l'un des principaux airs patriotiques anglais.

Exactement.

Cependant, tandis que l'on considère le sport comme un élément pouvant combler un vide éthique, émotionnel et religieux, n'oublions pas qu'il s'agit également d'un spectacle tape-à-l'œil mettant des sommes d'argent colossales en jeu, et qui n'a qu'un seul but : la victoire à tout prix. David Priestley, en charge du programme de développement personnel du club Saracens, a déclaré : « On considère le sport professionnel avec un romantisme extraordinaire, mais il ne faut pas oublier qu'il s'agit d'un univers cruel, d'un engrenage qui exige tout de la personne avant de l'exclure du jeu. La grande majorité des acteurs de cet univers sont loin d'être des modèles de bonne conduite. La plupart des professionnels du milieu sportif gardent leurs distances face à tout ce qui implique directement la notion d'éthique. Ils ne pensent qu'à la victoire. Les jeunes joueurs voient d'autres sportifs atteindre les sommets de la discipline bien que leur comportement soit discutable. »

La Révolution des Saracens

Nous en venons ainsi au Saracens. En 2009, 50% des parts du club ont été rachetées par un consortium Sud-Africain qui nomma Edward Griffiths à sa tête, le même homme qui avait encadré l'équipe sud-africaine à l'approche de leur victoire édifiante lors de la Coupe du Monde de 1995. Griffiths promit alors une « Révolution des Saracens » qui transformerait le rugby en un spectacle glamour, divertissant et plébiscité par le public. Les Saracens commencèrent alors à disputer leurs matchs successivement au Stade de Wembley et dans un nouveau stade avec gazon synthétique situé au nord de Londres. Le nombre moyen de spectateurs passa de 14 000 à 80 000, il devint possible de rejouer des séquences du match sur son smartphone et même de commander des pizzas depuis son siège. Le club était désormais entré dans l'industrie de la « fabrication d'image ».

Cependant, la Révolution des Saracens comportait un second aspect, axé sur les personnes et la vertu, comme l'avait déclaré Brendan Venter, le directeur sportif du Stade sud-africain. Ce docteur chrétien et quelque peu rebelle surprenait les journalistes par ses commentaires : « On ne peut pas penser sans cesse à la victoire. Je m'intéresse bien plus à l'évolution des mes joueurs et de moi-même en tant que personnes. Au final, c'est la seule chose qui compte vraiment. »Il affirmait également : « Si nous remportons toutes les victoires possibles et imaginables mais que nous détruisons nos relations sociales, nous aurons alors tout perdu et le sens de notre vie sur Terre nous aura échappé. C'est aussi simple que ça. »

Brendan Venter avait étudié la médecine alors qu'il jouait au rugby et il accordait une grande importance à l'équilibre et à la préparation de ses joueurs en vue de leur vie une fois leur carrière sportive terminée. D'après lui, il est essentiel de les traiter en tant qu'individus dotés d'une âme plutôt que de les considérer comme de la « chair à profit ». Leur formation académique doit être tout aussi importante que leur développement physique. Les joueurs durent écrire une série d'essais à propos de leur vision du « jeune idéal » : quel devrait être le comportement du jeune idéal par rapport aux femmes ? Quel devrait être le comportement du jeune idéal face à l'alcool ? Comment devrait-il gérer son budget ? Comment devrait-il mener sa vie de manière générale ?

Alex Goode, un membre des Saracens âgé de 25 ans qui joue également arrière dans l'équipe d'Angleterre, a intégré l'équipe lorsqu'il était adolescent et était ainsi aux premières loges de la « Révolution des Saracens ». Il témoigne : « l'ancienne équipe n'était pas particulièrement amicale. Certaines plaisanteries pouvaient s'avérer plutôt brutales. Les joueurs vivaient un peu partout autours d'Hertfordshire et ils ne traînaient pas ensemble. Une bonne partie des joueurs n'étaient là que pour leur propre intérêt, ils se fichaient de l'équipe et ne faisaient aucun sacrifice pour elle. Maintenant nous ressentons beaucoup plus notre appartenance à cette équipe ; elle prend soin des joueurs et de leur famille, et en contre partie nous devons travailler incroyablement dur ».

La Révolution semble atteindre son but. Alors qu'ils n'avaient jamais gagné le championnat de la Ligue Nationale anglaise, les Saracens décrochèrent la deuxième place dès leur première saison sous les ordres de Brendan Venter (2009-2010) et remportèrent la victoire de la saison 2010-2011. Cette saison a néanmoins été plus difficile : après avoir mené de front le championnat de la Ligue Nationale, l'équipe fut éliminée en demi-finale et s'avoua également vaincue face à Toulon lors des demi-finales de la Coupe Heineken. Ces défaites font ressurgir l'éternelle interrogation : favoriser la personnalité plutôt que la réussite extérieure en vaut-il la peine ?

Le Jerry McGuire[12] des entraineurs sportifs

En 2011, Brendan Venter démissionna de son poste de directeur sportif et retourna en Afrique du Sud à la suite du décès de plusieurs membres de sa famille. Il demeure néanmoins directeur technique. La révolution morale suivit son cours au travers du programme de développement personnel du club, désormais dirigé par David Priestley et David Jones. Ce dernier fut diplômé en philosophie et me contacta après avoir lu mon livre. Il défend un point de vue unique selon lequel la philosophie joue un rôle au sein du milieu sportif et s'est montré audacieux en m'invitant à parler aux joueurs.

Son supérieur, David Priestley, est un homme âgé de 34 ans qui fait preuve d'une sérénité paisible et remarquable. Sa personnalité s'apparente à celle de Jerry McGuire : selon lui, la victoire n'est pas le seul et unique objectif à atteindre. Il prétend que la « course aveugle à la performance » qui existe au sein du milieu sportif peut avoir un effet pervers sur le sens moral des joueurs et du personnel qui les encadre. De tels propos peuvent sembler hérétiques dans le domaine du sport professionnel et même dans celui du coaching destiné à améliorer les habitudes de vie des joueurs, qui, plutôt que de leur procurer écoute et

---

[12] Personnage principal du film éponyme de Cameron Crowe, Jerry Mcguire est un agent des plus grands sportifs américains qui cherche à donner un sens à sa vie.

conseils, est bien souvent tout aussi axé sur la « victoire à tout prix ».

Priestley, lui, est différent. Le club l'a surnommé « Le Prêtre » car il fait figure de guide spirituel au sein de l'équipe, incitant les joueurs à se montrer honnêtes et à vivre en cohérence avec leur profession de foi au lieu de la clamer en vain. Par exemple, qu'en est-il d'un excellent joueur qui ne fait pas suffisant preuve de sens moral au sein du club ? Sera-t-il renvoyé avant un match important ? Le club s'intéresse-t-il autant à un joueur de l'équipe réserve qu'à une vedette de l'équipe principale ? C'est face à de telles interrogations qu'apparaissent les incompatibilités des deux objectifs de la Révolution des Saracens : le sport en tant qu'outil de développement personnel contre le spectacle rentable. En somme, le combat entre biens intérieurs et biens extérieurs.

J'ai le sentiment que Priestley a fait le choix de favoriser le développement personnel aux dépens du succès extérieur. Il ne semble redevable ni au succès ni aux statuts conventionnels et il ne craint pas le licenciement. Il m'a déclaré un jour : « Lorsque l'on dit quelque chose mais que l'on agit différemment, les joueurs s'en rendent très bien compte. Mais si l'on vit réellement en fonction de nos principes, alors on obtiendra une réaction de leur part ». Il a les épaules suffisamment larges pour être fidèle à ses principes jusque dans un milieu professionnel oppressant et il est suffisamment sage pour reconnaître que même des hommes aussi virils que des joueurs de rugby ont parfois besoin de pouvoir se sentir vulnérables.

Il écrit :

> « Selon moi, il n'est ni agréable, ni joyeux, ni facile d'écouter quelqu'un parler de ses problèmes les plus intimes. Lorsque quelqu'un se sent capable de s'ouvrir à moi et de mettre ses émotions à nu, je considère cela comme une expérience extraordinaire et je me sens privilégié d'y participer. [Les psychologues sportifs] qui ne s'intéressent qu'à la performance n'auront jamais accès à ce genre de confidences... Si l'on vous répète encore et encore que vous devez être fort, alors pourquoi laisser paraître votre vulnérabilité ? »

Il me donna un conseil avant que je ne m'adresse aux joueurs : « Ils s'intéresseront à ce que tu dis. Ils se feront peut-être passer pour des durs à cuire, mais ils t'écouteront attentivement. »

L'éthique de la vertu et la psychologie du sport

David Jones ne savait pas combien de personnes assisteraient à ma conférence : j'étais le premier philosophe à venir m'adresser au club. Finalement, plus de vingt personnes, joueurs et entraîneurs, se présentèrent et je comptais parmi eux plusieurs sportifs de niveau international tels que Chris Ashton et Steve Borthwick. Ainsi, debout face à cette assemblée de gros durs, je commençai mon discours en racontant mes déboires avec la drogue, ma dépression, mes crises d'angoisse et la façon dont j'avais trouvé le salut dans la philosophie. Dans un premier temps, je fus envahi par un sentiment d'irréalité : étais-je réellement en train de faire cela ? Était-il possible que cela fonctionne ? Je me disais qu'il fallait que je continue quoi qu'il en soit.

La gêne initiale que je ressentais à l'idée d'exposer mes sentiments à un public de rugbymans s'estompa progressivement face à ma conviction selon laquelle l'éthique de la vertu et la psychologie sportive avaient beaucoup à apprendre l'une de l'autre. Être sportif implique une grande capacité à maîtriser ses émotions, et qui mieux que les stoïciens peut comprendre cette nécessité ? Les philosophes soutenaient que nos émotions provenaient de nos jugements et de nos perceptions. Il nous est ainsi possible de transformer nos émotions en prenant conscience de nos croyances et de notre comportement ainsi qu'en nous montrant plus adroit dans notre façon de nous adresser à nous-mêmes.

Cette idée n'est pas étrangère aux sportifs puisqu'ils ont déjà été formés à l'importance de l'attitude à adopter envers la victoire. Cependant, un joueur me posa la question suivante : « selon le concept stoïcien, la maîtrise de nos émotions et de notre perception signifie-t-elle que nous devrions toujours adopter une attitude positive ? » Ma réponse fut négative : être « philosophique » ne signifie pas nécessairement que l'on ne ressente jamais d'émotions négatives. Aristote pensait qu'éprouver colère et chagrin était parfois une manière adéquate de répondre aux tragédies de la vie. J'expliquai cela sans réaliser que l'une de valeurs centrale d'une équipe est de toujours adopter une « attitude positive et dynamique inébranlable », ce qui me semble épuisant. Ne peut-on pas s'autoriser à éprouver parfois de la peur, de la colère, de l'irritation ou de l'égarement ?

La manière qu'avaient les Grecs d'adopter des pratiques morales est manifestement appropriée aux sportifs, en particulier l'idée de se répéter sans cesse des maximes. Les athlètes utilisent déjà des « mantras » et des devises pour s'imprégner de certaines attitudes et les préceptes des Saracens sont affichées sur les murs de leur gymnase. J'expliquai l'idée des philosophes grecs selon laquelle l'excellence n'est pas simplement une manière de se comporter en classe (ou sur le terrain de rugby), elle prend le pas sur la manière dont nous interagissons avec notre femme, avec nos enfants, avec des joueurs moins expérimentés, avec l'arbitre ou encore sur la façon dont nous faisons face aux aléas de la vie. Chaque chose fait partie de notre entraînement.

Je sentais que les joueurs étaient particulièrement intéressés par l'idée d'Épictète selon laquelle il était important de se concentrer sur ce qu'il nous est possible de contrôler sans paniquer face à ce que nous ne maîtrisons pas complètement (notre réputation, notre corps, le temps, autrui, etc.). Cette idée non plus n'est pas nouvelle dans la psychologie (ou l'administration) sportive, il s'agit d'une des sept pratiques de Stephen Covey[13]. Néanmoins, elle continue de retentir dans l'esprit des sportifs. Nous abordâmes l'idée que nous ne devrions pas prendre comme excuses des éléments qui nous sont extérieurs, comme le sont l'arbitre, nos coéquipiers, nos épouses, ou notre enfance, pour justifier

---

[13] Stephen Covey fut un auteur, homme d'affaires et conférencier américain professeur à l'école de commerce de l'université d'Etat de l'Utah.

nos comportements.

Oublier le passé est une capacité essentielle pour les sportifs, qu'il s'agisse de leur enfance, de leur dernier match ou du dernier point marqué. Andy Murray a expliqué dans un récent documentaire de la BBC qu'au cours de l'année dernière, il avait particulièrement travaillé sur sa capacité à ne pas gâcher son énergie en pensant aux précédents points marqués pendant un match. Priestley commenta : « On peut résumer ce que j'essaie de leur inculquer en deux mots : "oubliez ça" ».

Nous abordâmes également l'idée de ne pas s'inquiéter vainement pour son statut ou sa réputation, de ne pas construire sa maison sur le sable, comme l'inculquait Jésus Christ. Tout au long de leur vie, les sportifs professionnels se confrontent à un statut particulièrement instable, comme me l'expliquait Alex Goode : « Passer du rugby amateur au rugby professionnel implique un changement conséquent. Du statut d'enfant chéri, tu dois tout à coup t'habituer à ce que tout le monde s'en fiche que tu aies joué dans l'équipe d'Angleterre des moins de 18 ans et que tu restes sur le banc sans participer à tous les matchs. C'est difficile à gérer. »

Par la suite, il est possible que les joueurs soient sélectionnés dans l'équipe nationale, tout comme Goode, et qu'ils gravissent ainsi un nouvel échelon en termes de pression et de publicité : « Soudainement, tout le monde ne veut plus te parler que de rugby. À la fin de la dernière saison, pour la première fois de ma vie, je ne voulais plus parler de sport, j'avais besoin de prendre mes distances ». Goode souffrit ensuite d'une blessure et fut mis sur la touche, risquant ainsi de manquer la Tournée des Lions[14]. Une blessure peut causer une crise existentielle chez les sportifs tandis qu'elle leur interdit la pratique de l'activité par laquelle ils se définissent et s'homologuent. Alex est parvenu à surmonter cette déception par le biais d'autres occupations, il m'expliqua par exemple

---

[14] L'équipe des Lions britanniques et irlandais de rugby est une sélection du Royaume-Uni et d'Irlande qui dispute une série de dix matchs tous les quatre ans contre des équipes sud-africaines, australiennes et néo-zélandaises.

qu'il prenait plaisir à la lecture et qu'il pensait à se reconvertir dans le journalisme une fois sa carrière de rugbyman terminée.

L'instabilité du statut des sportifs est principalement due aux médias qui transforment parfois la réalité à travers des récits simplistes agissant à la manière d'un miroir déformant. En 2006, alors qu'il n'avait que 19 ans, Andy Murray et son ami Tim Henman répondirent à une interview. Ils se taquinaient à propos de la Coupe du Monde et Murray plaisanta en disant qu'il soutiendrait « tout le monde sauf l'Angleterre ». Un journaliste se saisit de la plaisanterie et, par la suite, celle-ci le suivit comme une malédiction. Elle mena Tony Parsons[15] à s'écrier qu'il s'agissait là de « la pointe malsaine de l'iceberg anti-anglais ». Les journalistes ont tendance à diviser le monde entre les gentils et les méchants : les sportifs peuvent être canonisés un jour et diabolisés le suivant. Il leur faut alors apprendre à vivre avec cette instabilité, accepter qu'ils ne peuvent pas la contrôler et l'oublier. Pas facile.

Bien plus qu'un cheminement : un objectif

Nous l'avons vu, il existe de nombreux points communs entre la psychologie sportive et l'éthique de la vertu. La raison pour laquelle les Saracens m'ont invité ce jour-là, c'est que la philosophie ne propose pas seulement un moyen d'être victorieux sur le terrain, elle permet également de s'interroger sur la véritable nature du succès, sur la finalité et l'objectif que nous poursuivons par le biais de ces pratiques. La victoire est-elle votre objectif ultime, votre Dieu, ou existe-t-il quelque chose de plus important ? Est-il possible de remporter de nombreuses médailles mais de perdre au jeu de la vie ? Il est possible de créer un spectacle divertissant et rentable, à l'image de la Ligue 1 de football, qui soit en même temps une industrie immorale et malsaine.

Je terminai en évoquant le respect des dons qui nous ont été octroyés. Chacun d'entre nous naît doté d'un certain nombre de talents qui lui sont offerts sans contre partie. C'est à nous de choisir quelle

---

[15] Ecrivain et journaliste britannique.

relation nous entretenons avec ces dons : leurs ferons-nous honneur ? Les stoïciens prétendaient que nous étions tous dotés d'un génie, d'une sorte de Dieu intérieur. Notre relation avec ce génie peut être désastreuse, il se dresse alors contre nous et nous détruit, comme ce fut le cas pour ces talentueux sportifs (ou artistes) qui finirent brisés par leur propre talent. Au contraire, il nous est possible de développer avec lui une relation saine et prospère en le respectant et en le dédiant à un objectif plus grand. « Prospérité » se traduit en grec par le mot *eudaimonia*, qui signifie vulgairement « entretenir une bonne relation avec ses talents ».

J'étais un petit philosophe tombé dans un monde d'athlètes titanesques et je me demandais comment les joueurs recevraient mon discours. Je fus réconforté par ceux qui, une fois la conférence terminée, vinrent me serrer la main. La tentative philosophique de David Jones semblait avoir porté ses fruits. L'équipe m'avait enseigné une notion de force : si même des joueurs de rugby peuvent prendre soin d'eux-mêmes et d'autrui, s'ils sont capables de trouver un équilibre entre la plaisanterie et la vulnérabilité, entre la pression et l'acceptation, alors l'espoir existe pour chacun de nous.

Note de l'éditeur : à la suite de cette conférence, Jules Evans dirigea un club de philosophie au sein de l'équipe des Saracens pendant la saison 2013-2014. Paul Gustard, l'entraîneur de l'équipe, déclara qu'il s'agissait de « l'activité la plus populaire que nous ayons engagée cette saison ». Pour plus d'informations à propos de ce programme (que Jules Evans développa également à la prison de HMP Low Moss), reportez-vous à la page suivante :

https://emotionsblog.history.qmul.ac.uk/2014/06/philosophies-for-life-the-results-of-the-pilot/

Conversationavec John Lloyd :
« je pense que la philosophie stoïcienne devrait être enseignée à tous les enfants »

Jules Evans

Introduction : Jules Evans interroge John Lloyd, le producteur de télévision à l'origine de *Not the Nine O'Clock News, Black adder* (*La Vipère Noire*), *Spitting Image* et *QI*[16].

Comment avez-vous découvert la philosophie stoïcienne ?

Dans les années 1980, cela faisait dix ans que je connaissais un franc succès en tant que producteur de télévision : j'avais créé trois superproductions télévisées, je m'étais marié, j'avais deux enfants, deux maisons, deux voitures, l'un des murs de mon bureau croulait sous les récompenses, j'avais de l'argent et j'étais plutôt en bonne santé. Et puis en 1993, à la veille de Noël, je me suis réveillé envahi d'un sentiment d'inutilité. J'avais l'impression de foncer dans le mur. J'avais été la victime de plusieurs terribles trahisons, ce qui semblait plutôt répétitif dans ma vie : j'aidais certaines personnes et je me faisais niquer. Je suis tombé au fond du gouffre, je suis devenu extrêmement dépressif, j'éprouvais beaucoup de colère et de rancune et je passais des heures à pleurer derrière mon bureau. J'étais directeur de publicité à l'époque, et je réussissais bien. Le pire, c'est que je ne comprenais pas pourquoi je me sentais aussi malheureux : j'avais tout ce que je pouvais désirer, je n'avais aucune raison d'être déprimé.

---

[16] *Not the Nine O'Clcock News* : émission de télévision comique britannique diffusée au Royaume-Uni entre 1979 et 1982 – *Black adder* (*La Vipère Noire*) : série télévisée comique et historique diffusée entre 1983 et 2002 au Royaume-Uni et à partir de 1995 en France – *Spitting Image* : émission de télévision satirique diffusée au RoyaumeUni entre 1984 à 1996 - *QI* (*Quite Interesting*) : jeu télévisé britannique dont les participants sont des personnalités généralement comiques diffusé depuis 2003 au Royaume-Uni.

Comment avez-vous fait face à cette situation ?

Je voyais les choses sous cet angle : il fallait que j'applique la détermination et l'intelligence que je dédiais à ma programmation sur ma propre personne. Plus précisément, j'ai décidé de partir à la recherche du sens de la vie. Jusque-là, ma devise était : « Plus on en a, plus on est heureux ». J'avais besoin de trouver une meilleure raison de continuer à vivre, celle-ci ne me convenait plus : j'avais tout et je n'étais pas épanoui. Alors pourquoi ne pas voir si quelqu'un d'autre avait une meilleure idée ?

Je me suis mis à lire énormément. J'ai commencé par la physique : j'ai étudié la mécanique quantique et je fus très surpris. Pour la première fois, j'ai appris ce que $E=MC^2$ voulait dire : la matière est égale à l'énergie et il n'existe rien de réellement solide. Ensuite, j'ai lu *La Vie Ardente de Michel-Ange* par Irving Stone. Il y relate la façon dont Medicis souhaitait retrouver la sagesse des penseurs de l'Antiquité, en particulier de Pythagore. Moi, je pensais que c'était « le type qui a inventé le triangle ». J'ai ensuite découvert qu'il s'agissait d'un des plus grands philosophes de l'Histoire. Je me suis dit « Merde ! Ça y est ! J'ai découvert Pythagore ! Personne d'autre ne sait tout ça ! ». Je suis allée à la librairie Foyles et, dans la section des œuvres classiques, j'ai demandé avec fierté : « Auriez-vous des ouvrages traitant d'Athènes au Vème et VIème av. J.C. ? ». Je pensais qu'il y en aurait peu mais on m'indiqua un rayon entier. J'étais abasourdi, je me disais qu'il me faudrait plusieurs vies pour pouvoir lire tout cela et qu'à 42 ans, il était trop tard.

Mais j'ai essayé et sur ma route, j'ai rencontré plusieurs personnes qui me sont venues en aide. J'ai très vite découvert Marc Aurèle. Certains de ses adages me furent très utiles, par exemple celui-ci : « Cesse de perdre du temps à discuter de ce qui fait un homme bon ; deviens-en un. » (*Pensées pour moi-même*, 4.17). Cela m'a frappé. Ou encore : « Considère que chaque chose est une opinion et que l'opinion est en ton pouvoir. Sépare-toi de l'opinion et, tel le navigateur qui a su dépasser le cap, tu trouveras la sérénité, la stabilité et la tranquillité de la baie. » (*Pensées pour moi-même*, 12.22). J'aime beaucoup Marc Aurèle : un homme brillant qui a mené une vie terrible et qui, chaque soir, se retirait dans sa chambre afin d'écrire dans son journal et de penser à la manière dont il pouvait faire face aux événements.

Quelle notion vous semble particulièrement utile dans le stoïcisme ?

Ce que je trouve utile dans le stoïcisme, c'est l'idée très simple que tout dépende de l'attitude que l'on adopte. Parfois, on se retrouve dans la merde, ça arrive, et la différence entre ceux qui s'en sortent et les autres, c'est la façon dont ils réagissent. La souffrance n'est pas nécessaire, c'est quelque chose que l'on s'impose à soi-même. J'aime beaucoup l'idée que l'on retrouve surtout dans l'œuvre d'Épictète et qui soutient que la philosophie est un mode de vie, une discipline que l'on devrait tous pratiquer.

Ma fille de dix-sept ans vient tout juste de découvrir ce concept. Elle étudie la philosophie pour son examen de fin d'études et elle est fascinée par la façon dont Épictète décrit la philosophie comme étant un mode de vie basé sur l'amour de la sagesse. Ce n'est pas seulement une notion théorique, bien que qu'on l'enseigne souvent de cette manière. Les philosophes académiques ne sont pas nécessairement des sages. Il ne faut pas simplement lire Heidegger, Nietzsche ou Spinoza pour savoir ce qu'ils pensaient mais plutôt pour essayer de vivre selon leurs adages.

D'après moi, tous les enfants devraient étudier la physique quantique et la philosophie stoïcienne. Il faudrait leur apprendre à répondre à ces questions : que faire lorsque quelqu'un me rend malheureux ? Pourquoi certaines personnes sont-elles avides et désagréables ? Qu'est-ce que la peur ? Que faire lorsque les choses tournent mal ? » Je suis stupéfié que l'on n'apprenne pas ce genre de choses à l'école. Le stoïcisme soutient cette idée très simple mais très forte selon laquelle l'important n'est pas ce qui nous arrive mais la façon dont nous y réagissons. C'est ce que j'aime dans le stoïcisme car c'est une idée simple, claire et logique. Elle n'implique pas de force divine ni d'aide extérieure : tout dépend de nous.

Croyez-vous en Dieu ?

Je me considère ignostique. J'aime la définition de ce mot : une personne qui refuse de parler de l'existence de Dieu tant que les termes ne seront pas clairement définis. Dites-moi ce que vous entendez par « Dieu » et je vous dirai si j'y crois ou non. Personne ne croit vraiment en un grand type barbu en sandales. Personne ne voit Dieu comme ça et personne ne l'a jamais fait, même pas Michel-Ange. Ce serait idiot de penser que qui que ce soitait la moindre idée de ce qu'il en est réellement. Personne ne sait pourquoi l'univers a été créé et personne ne sait comment : d'après Martin Rees, l'astronome royal[17], la théorie du Big Bang est en train de s'effondrer.

J'appelle ça le « Grand Quoi Que Ce Soit ». Pour moi, l'univers est conscient et bienveillant et la vie est comme un examen que l'on n'a pas choisi de passer mais dont il faut comprendre les règles pour le réussir maintenant que l'on est dedans. Au cours de cet examen, on découvre les vertus stoïciennes du contrôle et de la connaissance de soi et on comprend qu'en réalité, nous sommes la cause des mauvaises expériences qui nous tombent dessus. Rancœur, peur, colère, paresse... Nous nous infligeons tout cela à nous-mêmes mais nous pouvons choisir de nous les épargner. Nous n'avons qu'une seule tâche à réaliser au cours de notre existence : nous contrôler.

Comment avez-vous associé le stoïcisme aux autres philosophies ?

Ma philosophie est une composition à la carte. Mon chemin à travers les philosophies du monde a été étrange et aristotélicien : la philosophie de Tao Tö King, de Bhagavad-Gita, du Coran, de Saint-Augustin, de Saint Jean de la Croix ou encore le Soufisme. Je me définis comme stoïcien parce que cela fait moins peur aux gens et que c'est un terme moins religieux. Je pense qu'en réalité, il n'existe qu'une seule philosophie. L'un de mes livres préférés est *La Philosophie Eternelle* d'Aldous Huxley. Derrière tout le bla-bla des différences religieuses, on en revient à la même chose : ma

---

[17] *Astronomer royal*, l'astronome royal en français, était à l'origine le titre du directeur de l'Observatoire royal de Greenwich. Depuis 1972, il ne s'agit plus que d'un titre honorifique.

tâche est d'arranger ma propre situation, de calmer ma colère intérieure et d'être aimable envers autrui. Dans mon cas, cela fonctionne. Il est beaucoup moins pénible de s'efforcer à être aussi joyeux, amical et non moralisateur que possible. C'est une manière efficace de s'ensortir.

La philosophie ancienne vous a-t-elle tirée du gouffre émotionnel dans lequel vous étiez ?

J'étais vraiment déprimé mais je peux dire que la dépression est, en soi, un problème philosophique. Cela arrive forcément parfois aux gens intelligents, en particulier quand les choses vont mal. On a l'impression que l'univers est injuste envers nous mais c'est faux, l'univers n'est que ce qu'il est. Les deux choses qui m'ont le plus aidé au début furent, dans un premier temps, faire de la randonnée et, ensuite, de m'intéresser aux choses qui m'entourent, ce qui m'a inspiré l'émission *QI*.

Le stoïcisme et Star Trek

Jen Farren

En 1966, Star Trek était une série télévisée qui embrassaient de grandes idées philosophiques. Gene Roddenberry, le créateur du programme, était un humaniste et il souhaitait mettre en scène des personnages qui coopéraient avec raison et humanité. La série abordait les thèmes de l'éthique, de la philosophie et de la politique. La distribution était interraciale et la série diffusa pour la première fois à la télévision un baiser entre deux personnes de couleurs différentes.

La série avait également son propre point de vue sur le stoïcisme. Gene Roddenberry déclara qu'il avait créé intentionnellement un personnage stoïque, « Monsieur Spock », en tant que protagoniste aux côtés du Docteur McCoy et de Kirk.

Les amateurs du stoïcisme et (peut-être) de Star Trek que nous sommes découvrent en cela une question intéressante : de quelle façon se manifeste le stoïcisme chez Spock ? Est-il un véritable« sage stoïcien » ou pourrait-on y voir un stéréotype de la pensée stoïcienne qui ignore ses émotions et n'est gouverné que par la raison ?

Dans cet article, je souhaite trouver une réponse à ces questions en étudiants les piliers philosophiques de Star Trek.

Monsieur Spock : sage ou cliché ?

Avant de répondre à cette question, étudions la vision du stoïcien idéal selon Sénèque :

« L'art du capitaine n'est jamais amoindri ni par la tempête ni par l'application de cet art lui-même. Le capitaine ne te promet pas un heureux voyage mais une réalisation efficace de sa tâche : gouverner le navire avec habileté. Plus il se voit confronter à des obstacles fortuits, plus sa connaissance se manifeste. La tempête compromet le succès du capitaine mais non pas ses actions. Tu te demandes alors : "Comment ?

Le capitaine ne souffre-t-il donc pas du hasard qui l'empêche de rentrer au port, rend vain ses efforts, l'emmène au large, l'immobilise ou encore le démunit de ses agrès ?"Loin d'entraver l'art du capitaine, ces contraintes lui permettent de se manifester davantage. Comme le dit l'adage : par temps calme, nous pouvons tous être navigateur. Mais le sage est toujours en action et il ne se voit que grandi par les obstacles qui se posent sur son chemin : seulement alors peut-il réellement agir avec sagesse. » *Lettres à Lucilius*, 85.

En somme, le stoïcien idéal se doit de faire preuve de ténacité face aux situations de crise, il doit avoir conscience de ce qu'il peut contrôler ou non et il doit *agir*. Sénèque l'a écrit dans un autre ouvrage : « Ni le destin ni les circonstances extérieures ne peuvent empêcher le sage d'agir. » Quel personnage de Star Trek peut alors s'apparenter à cet idéal ?

D'un premier abord, Spock semble être un véritable stoïcien de deux manières.

Premièrement, il accepte la réalité et a conscience de ce qui est en son pouvoir. Il déclare : « Le nécessaire n'est jamais dépourvu de sagesse ». D'après la pensée stoïcienne, combattre le nécessaire mène au conflit alors que l'accepter conduit à la sérénité. Une telle logique simplifie grandement la vie. Marc Aurèle soutenait que nos paroles et nos actions ne sont généralement pas indispensables. Il se posait souvent la question suivante : « Est-ce là bien quelque chose de nécessaire ? »

Deuxièmement, à ses observations, Spock n'ajoute pas d'opinion : « Fascinant est un mot que j'emploie pour définir l'imprévu ». Suivre la règle stoïcienne selon laquelle il ne faut juger comme étant bon ou mauvais uniquement ce qui est en notre pouvoir et définir le reste comme« fascinant » nous mène à la sérénité. Nous retrouvons ainsi la notion stoïcienne selon laquelle ce sont nos jugements et non pas les événements eux-mêmes qui nous affectent. Ils'agit alors simplement d'énoncer les faits et de ne pas y associer d'opinion.

Cependant, ces deux aspects sont trompeurs et dissimulent le caractère logique et impitoyable de Spock qui fait de lui un petit« s », un stéréotype du stoïcisme.

On le comprend par son intérêt pour le contrôle émotionnel : « Nos principes de logique nous offrent un état de sérénité que les êtres humains atteignent rarement. Nous sommes dotés d'émotions mais nous y réagissons fermement et nous les empêchons de nous contrôler. » Cela n'est pas facile pour Monsieur Spock. Dans l'épisode « L'Équipage en Folie », par exemple, Spock se répète qu'il contrôle ses émotions avant d'éclater en sanglots. Qui plus est, si on le compare à l'*homme d'action* qu'est le stoïcien idéal, la dépendance démesurée de Spock par rapport à la logique le mène parfois à l'inertie. Il prétend qu'il ne dispose pas de suffisamment d'informations ou encore que des faits insuffisants nous exposent au danger. Ainsi, la logique lui dicte qu'il est préférable d'éviter les risques et qu'une connaissance accrue des faits le mènera à prendre de meilleures décisions. Cependant, il s'agit là d'une distorsion cognitive : la science moderne nous enseigne en effet qu'il n'existe aucune corrélation entre le nombre d'informations en notre possession et l'exactitude. L'esprit logique de Monsieur Spock le rend défaitiste lorsqu'il ne parvient pas à trouver une solution logique ou une chance de succès : « Aux échecs, lorsqu'un joueur est inférieur à son adversaire, la partie est terminée, échec et mat. » Selon Spock, il n'y a que la logique qui importe.

En somme, Monsieur Spock s'apparente difficilement à un sage stoïcien. Bien qu'il en possède certains caractères, il ne parvient pas à se présenter suffisamment en tant qu'homme d'action. De plus, en éliminant intégralement ses émotions, il s'apparente à un stéréotype du stoïcisme, à l'inverse du véritable stoïcien qui cultive les émotions positives telles que la joie et la bienveillance.

Si Monsieur Spock n'est pas véritablement stoïcien, qu'en est-il de McCoy ?

McCoy est à l'opposé de Spock : il est émotif et ne fait pas preuve de raison, en cela il s'éloigne davantage du sage stoïcien. Il prend des risques qui le mettent lui et son équipe en danger. McCoy et Spock sont des personnages antithétiques, et il n'est pas surprenant qu'ils se disputent dans la plupart des épisodes ; devraient-ils se laisser guider par la raison ou l'émotion ? Examinons cet échange :

McCOY -Je n'en peux plus de votre logique.

SPOCK – Rien n'est moins logique. Il est bien plus raisonnable de sacrifier une vie plutôt que six. Le bien commun l'emporte sur l'intérêt individuel.

Il est intéressant de remarquer que l'on retrouve cette dichotomie dans la science neurologique moderne. Dans son ouvrage *Système 1 / Système 2 : Les Deux Vitesses de la Pensées*, Daniel Kahneman explique que le cerveau utilise deux systèmes : le premier prend des décisions rapides en fonction des émotions tandis que le second en élabore des complexes basées sur l'analyse et la logique. Néanmoins, les deux systèmes permettent de réaliser l'objectif stoïcien : promouvoir le bien commun. Le premier système (auquel s'apparente McCoy) l'accomplit à travers une réponse émotionnelle automatique qui engendre une action protectrice face au danger. Il est capable de risquer sa vie lorsqu'il *sent* que cela est nécessaire. Le second système (auquel s'apparente Monsieur Spock), lui, l'accomplit à travers une analyse réfléchie. Il est capable de risquer sa vie lorsque cela est *rationnel*. Cette dichotomie est évoquée par Koening dans son étude des dilemmes moraux concernant la possibilité de nuire à une personne pour en sauver plusieurs autres. L'expérience fut menée sur trois groupes dont l'un présentait des problèmes de fonction émotionnelle. Les résultats démontrèrent que l'absence de conflit entre l'émotion et la raison permettait de sauver plus de personnes : 40% des membres du groupe présentant des troubles de la fonction émotionnelle décidèrent de sacrifier une personne pour en sauver plusieurs tandis que seulement 20% prirent cette décision dans les autres groupes.

Qu'en est-il du troisième protagoniste, Kirk ? Se rapproche-t-il davantage de l'idéal stoïcien ? Kirk affirme qu'il ne joue pas aux échecs mais au poker, un jeu de risque et d'habileté qui implique de jouer correctement les cartes distribuées. De la même façon, Épictète mentionne les « dés de la vie » et la manière dont nous devrions utiliser avec soin les dés qui ont été lancés : « Inspirez-vous des joueurs de dés. Les compteurs et les dés sont indifférents : comment savoir ce qui va sortir ? Je ne peux qu'utiliser ce qui apparaît avec diligence et habileté », *(Entretiens* 2.5).

Ainsi, Kirk s'efforce d'équilibrer émotion et raison sans jamais oublier d'agir. Ses choix et ses actions le mènent à prendre des risques pour le bien commun même lorsque la logique semble prôner l'inaction. Il se peut que ce mélange parfait d'émotions positives et d'obligations éthiques, qui semble combiner les meilleurs aspects de Spock et McCoy, fasse de lui le véritable stoïcien de StarTrek : *l'homme d'action et de réflexion*. Selon le Capitaine Kirk lui-même : « Messieurs, nous discutons en vain, allons chercher des réponses. »

Bien entendu, d'un point de vue cinématographique, le fait que le véritable stoïcien de Star Trek ne soit pas le personnage stoïque a peu d'importance. La manière dont Monsieur Spock est décrit est essentielle à la dynamique entre les protagonistes de la série. En effet, chaque épisode étudie le conflit existant entre la raison et l'émotion à travers les relations entre Spock et les autres personnages. Gene Roddenberry (dans l'ouvrage d'Edward Gross, 1995) déclara qu'il avait délibérément « divisé une personne idéale en trois parties : le courage autoritaire du Capitaine (Kirk), la logique dans l'agent scientifique (Monsieur Spock) et l'humanisme du Docteur (McCoy). »

C'est donc dans Star Trek que cette éternelle source de conflit intérieur entre la raison et l'émotion est représentée aussi nettement. Stephen Fry saisit avec exactitude la façon dont Star Trek a mis en scène cette opposition :

« Le Capitaine est au centre, il tâche de trouver un équilibre entre humanité et raison. À sa gauche se trouve le Docteur McCoy, au comportement appétitif et pragmatique et à sa droite, Monsieur Spock, qui n'est que raison. Ces deux derniers personnages sont imparfaits car ils ne sont pas capables de trouver un équilibre entre ces deux caractères. Ils sont d'ailleurs constamment en conflit : McCoy s'attaque sans cesse à Spock. Kirk, lui, est entre les deux et représente la solution idéale. Qui plus est, les peuples des planètes qu'ils visitent font généralement l'erreur d'être trop ordonnés, trop raisonnables et trop logiques (ils exécutent alors les dissidents avec calme et raison) ; il leur faut apprendre à être un peu plus humain. Au contraire, ils peuvent être sauvages et avoir besoin d'ordre et de raison. »

S'il était nécessaire que Spock soit un stéréotype stoïque plutôt qu'un sage stoïcien pour amener ce conflit éternel de l'Homme sur les écrans, qu'il en soit ainsi : c'est là une véritable chance pour les nombreuses générations de fans de Star Trek.

Références

Agence Centrale de Renseignement (CIA), *Do you really need more intelligence?*

https://www.cia.gov/library/center-for-the-study-of-intelligence/csi-publications/ books-and-monographs/psychology-of-intelligence-analysis/art8.html

Fry, S., *How Star Trek Ties into Nietzsche and Ancient Greece*

http://trekmovie.com/2011/07/04/video-of-the-day-stephen-fry-explains-howstar-trek-ties-into-nietzsche-and-ancient-greece/

Gross, E., Captains' Logs: *The Unauthorized Complete Trek Voyages*. Little Brown & Co., 1995

Kahneman D., *Thinking Fast and Slow*. Penguin, 2011

Koenigs, Young et al., *Damage to the prefrontal cortex increases utilitarian moral judgement*, dans *Nature*, pp. 908-911, 2007

www.ingramcontent.com/pod-product-compliance
Lightning Source LLC
Chambersburg PA
CBHW070926010526
44110CB00056B/2063